BUSINESS ETHICS

経営倫理が
経営学の未来を変える

倫理から戦略、そして価値創造へ

FROM RESPONSIBILITY TO STRATEGY

劉 慶紅 [著] KEIKOH RYU

千倉書房

経営倫理が経営学の未来を変える
倫理から戦略、そして価値創造へ

目次

目　次

第7章　経営倫理と企業の社会的責任（CSR）　87

第10章　非市場戦略に基づいた価値創造　　133
—中国市場における日系企業の実践

図表目次

まえがき

　現在、地球規模で環境問題や貧富の格差、企業活動をめぐる不祥事などが相次いでいる。その中で、「企業と社会」の関係性や企業の倫理的な経営が、改めて注目されるようになった。企業は、社会的な存在であることを認識しなければならない時代になったといえる。言い換えれば、従来のように経営倫理を後回しにし、利益を目的に何らかの財やサービスを生産・提供するだけでは、社会に受け入れられなくなったということである。経営倫理を学ぶことにより、経営の未来が広がり、新たな戦略による価値創造へと発展するだろう。

　本書の第1の特徴は、経営学の幅広い領域（組織・人事、戦略、技術経営、マーケティング、会計・ファイナンスなど）を視野に入れ考察しているという点である。経営倫理の概念や考え方が、経営学の各分野・領域に取り入れられなければ、もはや社会に必要とされる学問として経営学が大きく発展することはないと言えるのである。

　第2の特徴は、経営倫理を学問として体系化しているということである。哲学を源流として、人的資本、つまり「Human is capital」の考え方から、経済学では労働経済学、教育経済学など、経営学では人的資源管理、人事労務管理などの学問が生み出された。そして、道徳資本、つまり、「Moral is capital」の考えに基づいて、経済学において倫理経済学、経営学において経営倫理という新しい学問が体系化されようとしている。本書は、経営倫理のテーマを広範囲かつ、バランスよく扱うことで、経営倫理という新しい学問の体系化を推し進めようとする試みでもある。

　第3の特徴は、倫理学（Ethics）、経済学（Economics）および経営学（Business Administration）、さらに経営の現場（Practice）のそれぞれを、動態的かつ整合性のとれたものとし、また、これら三つを統合的に展開するものとして経営倫理を理解しているということである。倫理学、経済学、経営の現場のそれぞれは、異なる時代を通して発展してきた。例えば、1960 〜 1970 年代に倫理学は、

「道徳」に基づく哲学のための学問として発展した。また、1980〜2000年代には経済学および経営学は、利潤性を高めるための学問として、その意義をより一層高めた。そして、2000年代から現在では、倫理学、経済学、さらに経営学が、経営の現場において相互に結びついて大きく発展してきている。その中で、経営倫理は、これら三つの学問領域を動態的かつ整合性のあるものとし、さらに、統合的に展開しつつあるのである。

　第4の特徴は、利潤性という価値基準と倫理性という価値基準の両立が求められる中で、企業の価値連鎖（Value Chain）においてそれら二つの価値基準を合わせた「統一価値」が、経営倫理を理解する上で、重要な役割を果たす視点なのである。もとより、企業活動においては、最終的に求められる価値には二つの種類がある。一つは、「利潤性」という価値である。つまり、企業は、効率性や競争性という価値基準のもとに経営を展開し、客観性の高い市場戦略を構築しなければならない。もう一つは、「倫理性」という価値基準である。つまり、企業は、人間性や社会性という価値を高めるために、客観性の低い非市場戦略も構築しなければならない。それゆえ、「利潤性」と「倫理性」という二つの価値を、価値連鎖の中でどのように生み出していくかをマネジメントするリーダシップが求められる。言い換えれば、統一価値を生み出していくリーダシップが求められるのである。そのためには、本書がテーマとする経営倫理について深い理解が欠かせないのである。

　本書は、「倫理から戦略、そして価値創造へ」というテーマに沿った10の独自論文をそれぞれまとめた10の章から構成されている。それらの主要な考察内容を示すと、以下のようになる。まず第1章「経営倫理に関する議論の歴史」では、経営倫理学の発達の歴史を俯瞰し、経済学、ビジネス、倫理学の視点から経営倫理を理解する。次の第2章「日本における経営倫理の変遷および現状」では、日本における経営倫理の必要性を検討する。第3章「経営倫理の理論的分析」では、経営倫理の理論分析を行い、経営倫理実践化のための方法を紹介する。さらに、第4章「企業の内外的倫理問題」では企業の内外的倫理問題についてケーススタディを用いて分析する。そして第5章「コーポレート・ガバ

ナンスと内部統制」では、企業統治、内部統制について、由来と定義、定義から生み出されるシステム構造に至るまでを解説する。第6章「企業理念と企業文化の構築」では、目的や価値観を統一し、企業の不祥事や社会モラルに反する行動を防ぐ企業理念について、企業理念の本質から構築プロセス、そして、その展開に成功している企業の事例を考察する。そして第7章「経営倫理と企業の社会的責任（CSR）」では、企業を取り巻く環境が大きく変化している中で注目されている CSR（Corporate Social Responsibility：企業の社会的責任）活動について、それが求められるようになった背景を理解し、欧州、アメリカ、日・中・韓の国際比較を通して、その多様な取り組みを知る。それをふまえて第8章「CSR から戦略的 CSR、そして CSV へ」では、「戦略的 CSR」を紹介し、2011年にポーターとクラマーが「共通価値の戦略」という論文の中で提唱した Creating Shared Value（CSV）という概念の内容、意義、今後の発展を明確にする。また第9章「BOP ビジネスによる新たな価値創造の展望」では CSR において、途上国ビジネスである BOP（Base of Pyramid）ビジネスについて、その核心や意義、経営倫理との関係にも触れながら解説する。以上の考察をふまえて第10章「非市場戦略に基づいた価値創造」では、非市場戦略の観点から、中国における日系企業の社会貢献についての考察を行う。

　上述したように、本書で扱った経営倫理の内容は、経営学の幅広い領域を横断するものであるが、その主要なテーマについて本書はその多くをカバーしていると考えている。また、本書は、ビジネスの状況の中で生じる一連の倫理問題を検討するための基本的な枠組みについても提供している。

　21世紀に入り、世界各国における個別プレーヤーが相互に影響を及ぼし、グローバリゼーションの流れの中で様々なプレーヤーが各自の役割を演じることによって、かつて誰も想像しなかったような大きなうねりが起ころうとしている。それぞれの企業は、この変化をどのように捉え、その変化の中でどのような方向を目指し、意思決定をしていけばよいのだろうか。本書は、このようなグローバル規模の大きな問題に対してもいくつかの視座を与えようとしている。

　また、ビジネスにおいて、確実に正しい唯一の正解というものが存在するわけではない。それゆえ、経営倫理の考え方を習得した読者たちが、現実に企業が引き起こしている社会問題をテーマとして積極的に議論し、その問題にどのように取り組むべきかを常に考えることが重要なのである。21世紀初期に顕著に見られたように、欧米でも日本でも金融化が進み、それが行き過ぎになると、反動が起きる可能性もないとはいえない。どんな社会にあっても、ステークホルダー型の価値観を国際金融市場からの圧力のもとで維持することができるかどうかということが重要になってくる。そして、法律ではなく、社会規範に基づくコーポレートモデルがどの程度維持されうるのかということも重要な問題となる。また、今後はますます科学が発達し、「AI時代」へと移り変わっていく。そのため、科学技術の観点から経営倫理を考える必要性も高まることになるだろう。それだけに、AIの時代における経営倫理のあり方についても、今後考慮されるべき重要な問題となるのであり、検討されるべき課題は多いだろう。

　本書は、立命館大学経営学部で行った「経営倫理論」の講義ノートを基礎に、講義に参加された学生諸君への7年間のフィードバックを通して、10の論文を作成し、それをまとめたものである。特に、本書を執筆するにあたり、7年間にわたって終始温かく見守って下さった、ゼミ学生の皆さんに深く感謝したい。また、「経営倫理論」を受講してくれた学部生、院生の多大な協力と励ましなしには、学生の視点も兼ね備えたこの本を完成させることはできなかったといえる。そして、これまで経営倫理の研究の歩みの中で、激励して下さった多くの先生、友人達にも感謝の意を表したい。彼らからは私の原稿に対し、多くの建設的な提案と批判を頂き、多くのことを学ぶことができた。また、本書執筆を企画の際にして、執筆段階から温かいご支援を頂いた千倉書房川口理恵取締役、神谷竜介編集部長、山田昭様にも厚く御礼申し上げたい。本書が経営倫理の研究者および実務家の皆様に活用して頂けることになれば、望外のよろこびである。

　最後に、2020年度に在外研究としてハーバード大学へ旅立つ直前まで、本書の執筆に追われ家庭に時間を割くことができなかった私を温かく見守り、支援してくれた家族と親戚一同にも心より感謝の意を捧げたい。

　毎年訪れる春の桜を愛でる事が出来ず、少々寂しさを感じながらも、新たな旅立ちに胸が高鳴る思いでいる。この地にてより良い研究成果を挙げ、経営倫理の学術発展に貢献したいと考えている。

　美しき京都に想いを馳せて…

2020年三月吉日

劉　慶紅

第1章

経営倫理に関する議論の歴史

【要旨】

　経営倫理（Business ethics）の成立時期を厳密に決定することは簡単ではないが、一般的には、1970 年代半ばから 1980 年代半ばにかけてアメリカで芽生えたと言われている。そして、日本で経営倫理学が誕生したのは、バブル経済崩壊前後の 1990 年代前半だと思われる。それまでにも経営倫理に関する研究はあったが、一つの学問分野として成立していなかった。本章では文献を取り上げるとともに経済学、ビジネスと倫理学[1] のそれぞれの視点から経済倫理学の研究対象について述べ、それから狭義の定義と思われる経営倫理学、特に経営倫理の発展に関して様々な視点から論じる。

キーワード：倫理学、経営学、経済学、経済倫理、経営倫理、企業の社会的責任

第 1 節　経営倫理誕生の背景

　従来の企業はビジネスを行う主体であり、供給者から企業、企業から消費者という単純な直線関係以外にはなかった。このような背景の下で、ミルトン・フリードマン（Milton Friedman）は『ニューヨーク・タイムズ』誌でビジネスの社会的責任論の批判文章を発表した。彼によると市場経済において企業が負うべき社会的責任は、公正かつ自由でオープンな競争を行い、資源を有効活用して利潤追求のための事業活動に専念するということだとしている。これが企業に課されたただ一つの社会的責任である。つまり、そこでは企業経営者の使命は株主利益の最大化であり、それ以外の社会的責任を負わされる傾向が強ま

ることほど危険なことはないとされる。これは、自由主義社会の土台を根底から揺るがすものであり、社会的責任は自由主義を破壊する（Friedman［2008］, p.249）。しかし、現代企業は既に社会の一部だと考えられる。企業は多くのステークホルダー[2]と関わりを持っており、企業を取り巻く環境の下にはステークホルダーという、企業活動から利益を得たり危害を被ったり、またそれによって権利が侵害されたり尊重されたりする集団や個人の存在がある。そのため、ステークホルダーとの関係を重視しなければ企業が社会において存続することはできない。そこで、単なる利潤の追求だけでなく、社会的責任を考慮する必要がある。その上で、「経営倫理」[3]という観点が重要になってくる。

　ビジネスとは、直接的であれ、間接的であれ、事業によって利益を受ける人から、対価（お金）を受けることを期待して行われるものである[4]。また、フリードマン定理により、私的所有に基づく企業体制の下では、企業の経営者とは所有者に雇われる人であり、所有者に対して直接的な責任を負っており、社会的ルールを守りつつ、できるだけ多くの利益を獲得しなければならないという責任がある。そのため、企業はルールさえ守ればいいという状況に陥ってしまいがちである。しかし、社会の企業に求める姿は絶えず変化しており、社会からの正当性を維持するためには、企業はそれらに応答しなければならない。そのために「経営倫理」が必要となる。つまり経営倫理という観点を欠いた経営は時代にそぐわなくなったといえるだろう。

第2節　経済倫理とは

2-1. 経済学[5]の視点から見た経済倫理

　一部の経済学者たちによれば、経済倫理[6]は経済運営プロセスの倫理価値体系を研究するものであると考えられている。彼らは経済社会が発展していく中で、倫理的な経営は政府および市場を超越する重要な力となっていると主張しており、経済的体制、所有権制度と経済的規律などの倫理への影響により、よ

り多くの関心を寄せていると考えている。

　経済学では、資源を合理的に配分し、その効用[7]の最大化を目指す生産体制の主体は、企業であるとされている。しかし、現実の人間や企業は「限定された合理性」を持つに過ぎず、その意思決定は自己の満足を基準にして行われる。また、「合理性の誤認」[8]とされる交通渋滞や生活公害などの現象もある。これらの問題を解決するためには、法律であれ、仲間同士のルールであれ、あるいは個人の倫理観であれ、何らかの形で個人や企業の行動に規制が加えることが必要である。

　経済と倫理は、対立する面もあれば、一致する面もある。まず、対立する面として挙げられるのは「企業の不祥事」である。不祥事は、司法や行政による処罰や社会による制裁があるにも関わらず、絶えることはない。その原因の一つとみられるのは「モラル・ハザード」[9]であり、そこには「ビジネスは道徳に関わらない」であるとか、「ビジネスと道徳は両立しない」という考えがある。このような考え方に基づいて、企業はしばしば利益を上げるために、道徳を無視し、道徳に反する行為を行う。しかし、道徳、つまり倫理とは、人間が社会の一員として守るべきルールであり、そして、ビジネスは社会の中で営まれるため、道徳と無関係では存在し得ない。そのルールには、ビジネス特有のものもあれば、社会全体で広く通用しているものもある。また、道徳よりも利益を優先すると、その結果として信用を失い、ビジネスを続けられなくなる。信用を保ち、ビジネスを続けるには道徳に配慮し、利益よりも道徳を優先することが必要になる。そのような姿勢が、長い目で見ると利益に繋がる。ようするに、ビジネスと道徳が両立するのである。

　一方、「経済と倫理は一致する」と語られることもある。具体的にいえば、第１に倫理的な行為が利益をもたらす。近年、「企業の社会的責任」が唱えられているが、それを受けて社会的な責任を積極的に果たしていけば、社会から高い評価を得て、業績が上がることもある。第２に、経済活動を通じて道徳的な行動をする。経済で成功するには、誠実さ・勤勉さ・堅実さが必要になるが、人々は、経済活動を行う中で、実際に、誠実・勤勉・堅実になっていくのであ

る。第3に、経済活動が社会に利益をもたらす。市場では、人々は自身の利益だけを求めて自由に競争するが、そうした自由競争が調和を生み、倫理が求める社会に利益をもたらすことがある。第4には、経済のルールと社会のルールが一致することである。経済のルールは「経済倫理」と呼ばれ、それが社会全体で広く通用している社会のルールと対立しない場合、経済と倫理は一致するといえる。

2-2. ビジネスの視点から見た経済倫理

　企業とは、利益を目的として物・財の生産やサービスなど何らかの事業活動を継続的に行う組織体のことである。企業は利益の追求を目的とするという考えでは事業活動は手段に過ぎない。逆に企業は事業活動を目的とするという考えからは、利益は事業活動の結果になる。中庸の立場に立てば、事業活動も利益の追求もどちらも企業の目的になる。では、企業が利益を追求することは「悪」なのであろうか。継続性がなければ企業は倒産し、雇用ができず労働者の生活が困難になるということから、悪とはいえないであろう。また、「法律遵守」は「倫理的」なのであろうか。これも一概に倫理的であるとはいえない。なぜなら法律は人間が作ったものであり、逃げ道があるからである。さらに、企業と社会の関係は普遍的なものであろうか。環境は日々変わっており、これらの倫理問題への対応は企業の所有者によってそれぞれ異なる。

　ある学者たちは、Business Ethics を「管理倫理」と訳している。彼らは、経済倫理は経営管理の領域で発展し、大学におけるビジネス・スクールあるいはビジネスカレッジが開設する一つの課程だと考えている。それゆえ、研究対象は経済管理活動とそれに伴う行動規範あるいは制度であり、その目的はよりよく管理することだと考えられている。ビジネスの倫理を検討するために、記述的方法、概念的方法、規範的方法の三つの方法が考えられる。記述的方法とは、企業の倫理綱領など企業が行う倫理的な活動を取り上げ、事実として記述説明することとされる。現在日本で行われている企業と社会に関わる問題における研究は、この記述的方法によるものが多数を占めている。また、概念的方

法とは、倫理学的に問題とされる権利、義務、正義、善、徳、責任をどのように定義するのかを分析し、検討することである。現在の日本のビジネス倫理研究では、過労死やサービス残業などの従業員の権利、製造物責任に関わる生産者の義務などが注目されている。しかし、日本においてこの概念的研究は各論としては学界で話題にのぼるものの、CSR 論やビジネス倫理の中では、その注目度は決して高くない。そして、規範的方法とは、応用倫理学の視点からビジネスを考える際の基本となるものであり、「何がなされるべきか」が主題となる。これは一つの問題に対してその正しさを判断するのに、功利主義や義務論などの様々な倫理学説から正しさの理論的根拠を示す作業といえよう。日本でのビジネス倫理に関する研究では、企業が何をなすべきなのかという規範的な研究が絶対的に不足している。これは日本において宗教的な規範意識が希薄であり、道徳的な規範は社会の中で醸成されるものであるとの認識が強いからだと思われる。そこでは、罰則規定が定められるのではなく、規範を守る者が社会に受け入れられ、守らない者は社会から疎外されるという緩やかな規範があるといえる。

　現在、日本において、何を正しいこととするかは個人やその集団の判断に帰せしめる道徳的相対主義の傾向があり、ビジネスに関わる倫理的な問題に対する規範はそれぞれの企業が独自に構築するもので、他者から指摘される必要のないものだという見解が多く見られる。このように、日本のビジネス倫理において企業のあるべき姿が言及されていないのは、社会に蔓延する道徳的相対主義的傾向が原因といえよう。しかし、何をビジネスの倫理と考え、企業は何をすべきか、という問題を各企業に一任するような道徳的相対主義の態度は、結果的に企業にビジネスにおける倫理的実践の意義さえも見失わせてしまう。そうなると企業による様々な危害を予防することは不可能となり、それらに対して社会が後手の対応策を講じるしかなくなってしまうことになる。

2-3. 倫理学の視点から見た経済倫理

　倫理学の視点から見た経済倫理の代表的な観点は主に以下の三つである。

1）経済倫理は、狭義と広義に分けられる。狭義の経済倫理とはつまり経営倫理であり、広義の経済倫理とは経済制度、経済政策、経済的戦略、経済的行為の倫理合理性とともに経済活動中における組織と個人の倫理規範を研究するものである。2）経済倫理の基本問題は、経済価値と倫理価値、標準、要求の関係問題であり、倫理学と経済学の両者のバランスをとることで、両者が衝突する基礎と原則を解決するのが経済倫理の基本責任といえる。3）経済倫理は、社会経済活動の中で人々の人生と、様々な利益関係を調和する道徳の原則と規範を研究するものである。経済倫理の本質は、人々に経済領域における善悪価値およびなすべき行為を明確にさせるところにある。

　倫理学としての経済倫理は、哲学の一部としての倫理学的な観点から、次のような事柄が検討課題となる。一つに、「倫理学」としてどのように考えるかである。これまで「倫理学」は、倫理と実践の直接的な関係に関する課題を要求されてはいなかった。そして、倫理学の関心は、「道徳」や「倫理」を説くための学ではなく、「道徳」を哲学することに向いていた。ようは、倫理学は道徳哲学だったのである。しかし、「応用倫理学」について一般的に論じられる機会が増えるにつれ、「倫理学」ではなく、実践可能な「倫理」への要求が高まった。そこで、「ケーススタディ」などの方法が見直されるようになってきた。倫理学者には、これまで通り道徳哲学だけが倫理学であると考えるのか、あるいは、実践としての倫理も招き入れる形で倫理学自体の有り様を変えていくのか、ということが問われている。それは単に、倫理学の適用範囲が以前より広がるというだけではなく、同時に規範倫理学上の理論そのものに改革を迫るようなものになるかもしれない。

　また、他にも「道徳的な主体」とは誰のことか、という課題がある。周知のようにこの問いは、応用倫理学の様々な場面で顕在化している。例えば、生命倫理では「パーソン論」、環境倫理では「動物の権利」、経営倫理においては「企業の道徳的な地位」の問題としてである。そのような議論の中でも重要な問題は、これまでの規範倫理学が考察の対象としていた人間中心の倫理領域の見直しである。これは、従来の倫理学理論を再考する上での一つの着眼点と見なす

ことができる。それは、「正義」や「善」、「徳」などの基本概念が再度倫理学全体としての整合性の中で見直されることを求める。よって、最終的には「倫理学とは何か」という根本的な問題に引き戻されることになる。

第3節　経営倫理とは

3-1. 経営倫理の誕生

　現在、経済、経営倫理を正面から考察しようと試みている研究者は数少ない。経営倫理学は規範的な性格を持っている。経営倫理は確かに経済、経営の具体的現象を研究対象に据えるものの、その対象を倫理もしくは哲学的に考察する性格を有している。これに対して、経済学、経営学[10)]をはじめとする社会諸科学はおしなべて、経験的な現象を研究対象とし、その素材の成立および素材間の関係を理論的に解明する実証的な学問である。

　経営倫理（Business Ethics）の成立時期を厳密に決定することは簡単ではないが、一般的には、1970 年代半ばから 1980 年代半ばにかけてと言われている。その中で注目されるのは、1980 年前後から版を重ね、定番化しているテキスト（例えば、『倫理的原理と企業の社会的責任』[Beauchamp/Bowie 1979] や『ビジネス・エシックス』[De George 1982]）が次々と出版された点である。これらのテキストの編者の多くは、もともと哲学や倫理学を思想的基礎としている。また、この時期に、Business & Professional Ethics Journal [1981] や、Journal of Business Ethics [1982] などの専門ジャーナルが相次いで創刊されたことで、経営倫理が初めて専門領域化された。学術の領域での経営倫理は、直接的には、1960 年代から 1970 年代始めの「企業の社会的責任（CSR）論」[11)] と関わっている。このころのアメリカは、ベトナム戦争やオイル・ショックによる景気の悪化、消費主義の大規模展開に伴い環境の悪化が一気に問題化した時期である。また、ラルフ・ネイダーが消費者運動の活動を本格化し、ウォーター・ゲイト事件、フォード・ピント事件やロッキード事件など、政府や大企業の不祥事が

相次いだ。企業の社会的責任論は、このような社会的状況に後押しされ、経営学者たちによって取り上げられるようになった議論である。単刀直入に言い換えれば、企業や経営者には、株主に対する責任だけではなく、社会全体に対して責任があるといえる。しかし、このような主張は、肝心の実務家達から無視され、強い批判を受けたのである（田中・拓殖［2004]）。

　経営倫理の大きな転機は，企業の社会的責任論が論じられた後の 1970 年代半ば頃から、ビジネス・スクールのカリキュラムに哲学者や倫理学者が具体的な関わりを持ち始めたことにある。学者たちは、カリキュラムへの参与だけではなく、それらの組織化にも力を入れ、経営倫理の研究所が各地で立ち上げられるようになった。これらの研究所は、学生に対する教育を含め、企業や経営者にも倫理的なコンサルティングを幅広く行っている点に特徴がある。

3-2. 日本の経営倫理

　日本において、経営倫理が誕生したのは、バブル経済崩壊前後の 1990 年代前半だと思われる。これ以前にも経営倫理に関する研究はあったが、まだ一つの学問分野として成立していなかったが、1993 年に日本経営倫理学会が設立されたのが大きな転換点であったと考えられる。企業経営と倫理の問題においては、日本でも 1970 年代にはすでに企業の社会的責任をめぐる議論が盛んになされていた。当時は高度経済成長期の後半にあたり、アメリカと同様に大量生産・大量消費というライフスタイルが様々な社会問題を生み出し始めた頃である。また、ドル・ショックやオイル・ショックなどの影響もあり、企業活動が利益を追求する上で厳しい環境にさらされていた。また、1960 年代後半に始まった四大公害訴訟が次々と終結したのもこの時期であり、企業活動と環境問題への関心が高まっていたため、社会からの圧力が強くなっていたのである。1975 年の日本経営学会論集には、『企業の社会的責任』のタイトルが付けられており、このテーマに関する文献は 1970 年代半ばに一つのピークを迎えた。しかし、当時の経済学者や経営学者のすべては、この議論に賛成しなかった。なぜなら、その根底に道徳や責任などは、理論的な厳密さを欠いた単なる一時

的なものやイデオロギーのようなものに過ぎないという認識があったからであ
ろう。

　アメリカでは、この「企業の社会的責任論」が、経営学と哲学を融合した経
営倫理という新しい研究分野として生み出されることになった。しかし、当時
アメリカの経営倫理が応用倫理学の一部と考えられていたのに対して、日本の
経営倫理は事実上、経営学の一部となっていたのである。当時、日本で経営倫
理が誕生しなかった理由として、経済学者や経営学者自身に、もともとこのテー
マへの疑念があったことと、哲学者や倫理学者がほとんど無反応だったことの
二つが考えられる。

　1980 年代半ば頃から、「脳死と臓器移植」が社会問題化し、日本の哲学者や
倫理学者は「生命倫理学」の新しい分野に本格的な関心を持ち始めた。また、
1990 年代始め頃から、「環境倫理学」が積極的に論じられ始め、「応用倫理学」
という言葉は今や“市民権”を得ている。日本で企業の社会的責任論が論じら
れた 1970 年代は、このような応用倫理学の潮流が本格化する前であったため、
哲学や倫理学の側にも、それに応じる空気はまだほとんどなかった。他方、ア
メリカにおける企業の社会的責任論は、1960 年代後半から同時発展していた
応用倫理学の諸領域を文脈として持つという点において、日本のそれとは事情
が異なる。しかし、バブル経済が崩壊した 1992 年頃から、再びこの分野の研
究が展開され始める。その特徴としては、企業の社会的責任論からいったん離
れて、アメリカの経営倫理を検討する方向へ進んだということである。そのよ
うにして、1993 年には日本経営倫理学会が設立され、経営倫理という研究領
域が本格的に始動することとなったのである。

3-3. 経営倫理の応用

　経営倫理はある特定の自己から他者に対する働きかけの中に現れるものであ
り、そのため、そこには企業活動を通して働きかける自己と、その働きかけを
受ける他者という相対関係が形成されることになる。そうした関係を、倫理現
象を形づくる一つの構造と見るなら、そこには一方で働きかける側の「倫理主

体」と、他方でその働きかけを受ける「倫理客体」とが、互いに相対するような基本構造が成立することになる。

　まず、経営倫理の主体から考えてみる。経営倫理の主体は、そもそも経営倫理というものが企業活動の倫理性を意味する以上、当然ながらその活動の主体となる企業それ自身である。企業はある特定の目的を実現するために人々が協働する組織体であり、また法人として法律上の人格が与えられ、まさに人間と同じように権利・義務の主体となって活動している。そのため、もし企業活動をめぐって非倫理的な不正や不祥事が発生した場合には、まず、企業自身が最初に責任を問われることになり、その企業に対して人間と同様に賠償責任を負わせたり、また企業の活動を停止するといった罰則が課せられたりする。また、倫理に反する事件を引き起こした企業に対して、再発を防止するために様々な制度上の改善を迫ったり、あるいは企業全体に根付いている組織風土の改革を求めたりするのも、企業自身が倫理主体だからである。

　しかし、企業活動に伴って発生するすべての非倫理的な事実が、果たして単に企業だけの責任だといえるのか。やはり企業を構成する人間の個人責任についても考える必要がある。企業活動とはいえ、その内容やあり方を事前に決定し、また実際にそれを実行に移すのは企業構成員である人間であり、さらに、企業活動を担う人間の中で、最終的に決定しその執行に責任を持つのは特に企業のトップマネジメント層である。以上のように、企業活動の倫理主体としては、企業自らが組織責任を負うことを基本としながら、経営トップがその地位と権限に応じた個人責任を負うというような「倫理主体の二重構造」となっているのである。

　次に、倫理構造を形成するもう一つの倫理客体について考えてみる。倫理主体からの働きかけを受ける対象として、様々なステークホルダーが挙げられる。企業にとって内的ステークホルダーである従業員ないし労働者、また外的ステークホルダーである株主、取引先、消費者、地域住民など、多くの人々が企業活動に関わりを持つ利害関係者であるが、それぞれは独自の立場で倫理客体の役割を果たすことになる。倫理客体は単に企業から一方的に働きかけを受け

る受動的な立場にあるだけではなく、倫理客体の側からも倫理主体に対して積極的な反応があり、企業活動に大きな影響を与える。例えば、企業の工場から出された公害に対して、被害を受けた地域住民が反対運動に立ち上がり、裁判を通して損害賠償の責任を企業に負わせることができる。それは、倫理客体の立場からの積極的な反応であり、倫理主体である企業に反省と改善を迫るために重要な意味を持つことになる。今日では、まさに「物言わぬ倫理客体」から「物言う倫理客体」へと、根本的な変化が生じているのである。

3-4. 企業の影響力

　国民経済の中で大きな位置を占める大企業は、事業を展開するとともに、必然的に強大な権利を獲得することになる。企業は、法が定める権利から派生した権限の範囲内で行動するわけだが、実際は、企業は法的に規定された権限以上のものを獲得し、意図的に経済的・社会的・政治的な場面でそれらを行使することができる。なぜなら、企業の抱える資産が増大し、雇用する労働者の数が増えれば、それだけで企業の影響力は大きくなるからである。例えば、巨大企業が突然既存事業を縮小しようとした場合、同企業の扱う財・サービスの価格が高騰し失業者が増え、場合によっては、市場の購買力を低下させることで景気そのものを失速させてしまう可能性をもつ。また、地域に根づいた企業の場合でも、事業を縮小すると、地域社会における労働機会の減少、法人税の激減、地域商店街の閉鎖、人口流出による学校経営の破綻など事業に直接関係のない社会的な問題まで引き起こすことになる。このような影響は企業と社会の「非対称的な依存関係」と言われる。また、地域社会が大企業を誘致しようとする場合、行政当局はインフラ整備をしていく中で、企業がその条件を評価すれば、この地域への進出が決定される。そして、企業経営を開始すると、地域の労働力・資本・情報がその企業を中心に再編されていく。地域社会と企業の相互依存関係はこのようにして出来上がっていく。しかし、完成した依存関係は決して対等なものではない。なぜなら、地域社会は地理的に限定されるが、企業は基本的に地理的制約を受けないからである。企業の自由な決定により地

域社会は大きな打撃を受ける弱い存在となってしまう。この「非対称的な依存関係」のゆえに、企業は地域社会に対して絶大な経済的・社会的な影響力を持つということになる。

　また、大企業は政治的な影響力をも手にしている。企業の政治的影響力の源泉は、企業が政治家に提供できる資金的な援助にある。日本では戦後政治資金の流れを明らかにするため、すぐに「政治資金規正法」が制定されたが、思うように機能しなかった。そのため、幾度かの紆余曲折を経て、1990年代には大幅な改正が加えられ、政治家個人の資金管理団体への企業献金も50万円までと制限された。しかし、これもまた抜け道が残されており、政党に対するものであれば、献金は会社の規模に応じて一定額まで認められ、また経営者個人としての立場であれば、数千万円の献金も可能である。つまり、経営者は、従業員や取引先などに個人として働きかけ、ある候補者への寄付や支援を呼びかけることができる。こうした迂回的な資金援助の道が残されているため、企業には依然として絶大な政治的な影響力をもっている。

3-5. 社会規範の変化と企業人格の変化

　今までの企業の価値は、目に見える資源による経済的尺度によって評価されることが多かった。そのため、企業は一丸となって、その目的達成のために進んできた。しかし現在、企業の特徴とされる経済的成果の達成における経営姿勢が問われている。日本国内においては、長時間労働・会社中心主義・生産者の論理・企業の横並び過当競争、海外からは集中的投資姿勢・不透明な市場取引・閉鎖的な系列取引などの問題が指摘されている（高橋［2009］）。マズロー（Abraham Harold Maslow）[12] によると、人間はベーシックニーズが充足されると次はヒューマンニーズを追求したくなるとされる（マズロー［1987］）。今までの経営行動は、マズローのいうベーシックニーズを第一義の目的として活動してきた。しかし、世界的にも高い経済成果を達成した今日の日本企業において、効率や経済性が唯一の尺度とされてきた時代は過ぎ去り、人間的な側面としての企業文化や企業の社会貢献、そして企業を取り囲むステークホルダー

との関係、組織における従業員の満足度などの企業の徳、つまり企業倫理とは何かが問われるようになってきた。企業倫理は企業文化と同じで、人々に共有された貴重な価値である。それは目に見えない資産であり、今日の企業にとって極めて重要な意味を持つ。無形の資源は、一朝一夕に出来上がるものではなく、長い年月の中で、その企業に固有に蓄積されるものである。反対に、長い年月をかけて醸成された見えざる資産である企業倫理に傷がつくと、その回復には相当の時間とお金という代償が必要となる。

　1960 年代から 70 年代にかけて日本経済が高度成長を遂げていた時、企業の経営行動は生産者の論理の方が優先されていた。当時、企業が利害関係者の中で最も重視したのは従業員との関係であり、とりわけ組合との一致協力の中でいかに生産効率を上げるかに主眼が置かれていた。その後、経済活動のさらなる進歩と共に 80 年代以降には、生産者による競争はますます激しくなり、生産は過剰になり、成熟化社会を迎える。この時、消費者の視点が優先され、消費者ニーズへの対応が経営の中心的課題となってくる。消費者は消費知識が豊富で賢くなり、厳しい目を持ち、市場は進化していった。もちろん、企業が直接的関係を持つ利害関係者である消費者だけでなく、組合、地域社会、株主、自治体、従業員も進化している。株主は出資者という立場から、従業員は職務という立場から、地域社会は地域との共生という立場から企業を見ている。この関係を経済同友会は「市場の進化」と捉え、現代の企業がいかに多くの利害関係者との関係の中で企業経営を行わなければならないかを提言している。

　CSR や社会的責任投資（SRI: Social Responsible Investment）の考え方は既に 20 年前からアメリカで主張されてきたが、投資家の間での本格的な動きはこの数年の間に広がり、ヨーロッパ、日本でも実践され始めてきている。倫理を企業の遵守事項として守りの姿勢で捉えるのではなく、新しい環境を創造する「攻めの企業倫理」として経営戦略と一体化させることが大事である。つまり、本業を通じて社会に貢献する事業を創造していくということである。この考え方こそが現代の CSR を考える際の基本となる。1990 年代初めに、企業に対して社会的責任として果たすべき慈善事業のための献金活動、ボランティア活動

の必要性が叫ばれ、企業は経営活動によって得られた利益の一部を社会に還元してきた。しかし、今日問われている CSR は、これらの活動をより企業の根幹においた、本業を通した経営戦略として取り入れるというものである。そこでは、CSR は単なる経営ノウハウの紹介、経営活動の一部として用いられるものではないのである。

　また、経営倫理の課題は、地球環境をどう守るかを問い正している。社会をより豊かで幸せにするための経済活動が、それによって環境破壊を引き起こせば、それは社会規範に背くことになる。グローバルな規模での市場経済化は環境への影響が大きいため、国際社会全体で連携してその枠組みを作っていかなければならない。このグローバル行動基準は今日、国連、OECD、経済人コー円卓会議（CRT: Caux Round Table）、GRI、WBCSB などの共同宣言の形で布告されている。もしこれらの規範を遵守しなければ、世界の国々からの社会批判を受け、市場から投げ出されることになる。

まとめ

　経済と倫理は対立する面もあれば、一致する面もある。人々は自身の利益だけを求めて自由に競争するが、そうした自由競争が調和を生み、倫理が求める社会の利益をもたらしているが、そこでの経済におけるルールは「経済倫理」と呼ばれる。1970 年代半ばから、ビジネス・スクールのカリキュラムに哲学者や倫理学者が具体的な関わりを持ち始めた。企業経営と倫理の問題においては、日本でも 1970 年代に企業の社会的責任論をめぐる議論が盛んになされた。企業はある特定の目的を実現するために人々が協働する組織体であり、また法人として法律上の人格が与えられ、まさに人間と同じように権利・義務の主体となって活動している。そして、現代の企業の社会的責任を考える際に基本となるのは、本業を通じて社会に貢献する事業を創造していくということである。

注

1)　倫理学とは、倫理に関する学問である。それは古代ギリシアを始まりとした歴史の古い学問であり，近代におけるカントの倫理学によって，ある意味では倫理学の大筋は研究し尽くされているといえなくもない。

2)　ステークホルダーの概念は企業に対して何らかの特別な要求を持つストックホルダー（株主）という概念を拡張したものである。株主が経営陣に対して一定の行為を要求する権利を持っているのと同じように、ほかのステークホルダーたちも経営陣に対し一定の行為を要求する権利を持っている。

3)　経営倫理とは、組織体を取り巻く多様な環境との関わりを問い、またそのことを踏まえてどのように組織体をマネジメントするかを問う学問である。

4)　イギリスの新古典派経済学者アルフレッド・マーシャル（Alfred Marshall）(1842-1924) による定義。

5)　経済学とは、人間社会の経済現象、特に、財貨・サービスの生産・交換・消費の法則を研究する学問。法則を抽出する理論経済学、理論の応用である政策学、経済現象を史的に捉える経済史学に大別される。

6)　経済倫理学は宗教から発展したものである。勤勉な労働と倹約貯蓄が宗教によって至善とされ、経済と倫理が結び付けられることになった。これは 16 〜 17 世紀の宗教改革の時代のことであったが、長い宗教戦争を経て宗教心の薄れた 18 世紀になると、J・ロック、D・ヒュームらの自然法思想に支えられ、A・スミスその他の古典学派の経済的自由主義の理論に裏打ちされて、個人の自由な経済活動が最大多数の最大幸福を生むという予定調和論になった。

7)　消費から得られる満足度。

8)　それぞれの主体が合理的な行動をしているつもりであっても、全体として見ると合理的な結果にならないこと。

9)　ビジネスにおいて、企業が道徳を欠き、道徳に反する行為を行い、道徳的な責任をとらないこと。

10)　経営学とは、社会科学の一分野で、統一的な意思のもとに活動する組織体の構造および行動の原理を研究する学問。研究対象となる組織体に関して、組織体一般を研究するものを広義の経営学ないし一般経営学 general principles of management といい、企業という特定組織体に限定するものを狭義の経営学ないし企業経営学 principles of business administration ということがある。

11)　企業の社会的責任とは、利益の追求だけでなく、従業員、消費者、地域社会、環境などに配慮した企業活動を行うべきとする経営理念である。

12)　アブラハム・ハロルド・マズロー（Abraham Harold Maslow, 1908-1970)。アメリカ合衆国の心理学者で、人間性心理学の最も重要な生みの親とされている。

参考文献

・Beauchamp, Tom L. & Norman L. Bowie［1979］"Ethical Theory and Business."（加藤尚武訳『倫理的原理と企業の社会的責任』晃洋書房，2005 年）

・De George, Richard T.［1982］"Business Ethics."
・Friedman, Milton［1962］"Capitalism and Freedom," The University of Chicago Press.（村井章子訳『資本主義と自由』日経 BP クラシックス，2008 年）
・Maslow, Abraham H. and Robert D. (Editor) Frager［1997］*Motivation and Personality* (3rd Edition).（マズロー, A. H. 著・小口忠彦訳『人間性の心理学―モチベーションとパーソナリティ』産業能率大学出版部，改訂新版，1987 年）
・高橋浩夫［2009］『トップマネジメントの経営倫理』白桃書房
・田中照純・劉容菁・西村剛編著［2010］『経営倫理を歩む道―その理論と実践』晃洋書房
・田中朋弘・柏植尚則編［2004］『ビジネス倫理学―哲学的アプローチ』ナカニシヤ出版
・柏植尚則［2014］『プレップ経済倫理学』弘文堂
・トーマス・ドナルドソン・高巖［2003］『ビジネス・エシックス―企業の社会的責任と倫理法令遵守マネジメント・システム［新版］』文眞堂
・中谷常二編著［2007］『ビジネス倫理学』晃洋書房

第2章
日本における経営倫理の変遷 および現状

【要旨】

　日本における経営倫理に関する取り組みは、時代の変遷に連れて、常に変化している。戦後から1970年代までは、新自由主義の台頭により、社会的公正を考慮しながら、市場原理主義の姿勢を貫いていた。そして、オイル・ショックによる産業公害が頻繁に発生したため、企業の責任に関する規制も厳しくなっていった。日本政府は、企業行動憲章を提唱し、企業の社会的責任に関する取り組みが重視され始めた。また、日本企業の倫理問題は、企業自体と周りの利害関係者を同時に考慮し、労使関係、従業員関係、消費者関係、地域社会関係について明らかにする傾向がある。そして、2010年以降、企業の「公共性」という新しい観点が提唱された。企業の社会的責任は、企業の経営戦略に反映され、社会貢献を「責任」ではなく、利潤創出の「機会」と捉えるようになった。明治期、高度経済成長期においては、公害病が問題化したにも関わらず、公害対策基本法も環境庁も作られなかった。これらの社会問題が発生したあと、多くの対策方法が作られたが、このような中で、日本における経営倫理の重要性が強調されることになる。

キーワード：日本経済、高度経済成長、公害、公共性、企業の社会的責任

第1節　日本における経営倫理の変遷

1-1. 1970年代からの外部環境の変化

　日本は、戦後から1970年代までは新自由主義[1]（New liberalism）の台頭により、小さな政府を前提として社会的公正を考慮しながら市場原理主義[2]の姿

勢を貫いていた。しかし、70年代の資本主義は60年代の高度成長が外部環境の変化、すなわちオイル・ショック[3)]を契機に行き詰まりを見せる一方で深刻な産業公害による環境破壊、商品・土地・株式の投機、買い占め、売り惜しみ、価格つり上げという企業の反社会的行為が頻発したこと、また1976年には「首相の犯罪」と言われるロッキード事件[4)]も発覚したことにより、国民は東京、大阪という大都市部に革新自治体を形成し始めた。また、大気汚染防止法をはじめとした公害対策基本法の制定、環境庁の設置、四大公害裁判の原告勝訴など、社会的にも企業の責任が厳しく問われ企業活動への規制が強化されることになった。さらに、経済のグローバル化による企業の力の増大化を背景に、企業と社会の関係性を見直すべきであるとされた。

1-2. 2004年企業行動憲章[5)]の改定

企業行動憲章は日本経済団体連合会が提唱している経営倫理規定である。1991年に初めて提唱されて以降、時代にあわせて2002年、2004年と2度改定が行われている。02年の改定では経営者の責任の明確化、企業不祥事[6)]防止への取り組みの強化が盛り込まれた。また、04年には社会的な公正さや環境経営など企業の社会的責任をより重視した内容となった。特に企業は「社会的良識を持って、持続可能な社会の創造に向けて自主的に行動する。」ように求められ、「企業の社会的責任（CSR）[7)]」を企業が取り込んでいくという風潮が広まった。しかし、従来の利益優先の考え方はなかなか拭えず、むしろ、企業にとって社会貢献活動は、本来の事業活動に費やすべき経営資源が割り当てられており、それは経済的業績達成の阻害要因になると考えられていた[8)]。

1-3. 2010年以降の企業の「公共性」

2010年から企業の「公共性」という新しい観点は、劉（劉慶紅）[2010][9)]やポーター（マイケル・E・ポーター）[2011][10)]により提唱された。企業の「公共性」とは、企業の事業戦略の中に社会貢献活動を取り込み、企業の利益と社会貢献を両立させることである。社会貢献を「責任」ではなく「機会」と捉えるのは、

より大きな利潤を得る可能性があるから（自発的社会貢献）である。さらに市場圧力に受け身で対応するのではなく、自ら圧力を創り出して利潤機会に結びつけるという発想もあり得る。そのように、企業と社会の共生共存における重要性が増大している。

第2節　日本企業と経営倫理

　次に、1950 年代半ばから発展してきた日本の経済的状況と倫理的状況に基づき、特にバブル期以後の企業行動に注目し、日本企業の倫理的問題の状況を分析する。そして、日本企業の倫理的問題を考える前に、まず日本企業の行動特質から説明する。

2-1. 日本企業の行動特質

　戦後の日本経済は輸出依存型経済により、経済成長を達成した。ただ、1960 年代の高度経済成長は産業構造に歪みをもたらし、歪みを調整する過程[11] により、さらに悪循環に陥ってしまった。また、それはバブル清算[12] に際して繰り返された。つまり、バブル期には利潤追求の限界を越えるため、「法、モラル、人権、生命、そして自然」に越えてはいけない一線を越えてしまった。その結果、「仕事無き景気回復」、「環境無視の不況脱出」などの問題が次々に出てきた。

　今日、日本経済の活力とモラルが落ち込んでいる。それは何故かというと、バブル経済[13] の破綻に対して二つの失策があったからである。具体的に言えば、バブル経済において、政府の間違った政策に対して企業が正しい判断ができず、盲目的に追随してしまったことである。そしてバブル破綻における政策の失策として、バブル破綻後、政府と大蔵省のバブル対策に依存して企業が「自己責任」による処理を怠ったこと、この二つが最も大きな原因である。これにより、日本経済は活力を失い、モラルが低下したのである。

　1960 年代半ばから、開放経済体制の下で、高度経済成長の歪みが認識され

始め、「企業の社会的責任」とは企業本来の目的である利潤を否定するのではなく、利潤追求と社会的責任の両者を重視することであるという「新しい経営理念」が出てきた。1972年には、提言「社会と企業の相互信頼の確立を求めて」を公表され、「社会から期待される企業」が果たす社会的責任の具体的な方法が提示された。さらに、1980年代に「良き企業市民[14]」が宣言され、企業の利益が社会に還元されるよう、文化的貢献、社会的貢献に取り組む企業が増え始めた。しかし、バブル崩壊によってこの傾向は失速した。

2-2. 日本企業の行動倫理

　日本経済の発展状況を踏まえて、企業の倫理問題を分析する。まず企業の倫理問題は、企業の主体、いわばオーナーや経営者などの支配者と客体の労働者、労働組合、従業員、消費者、地域社会などの被支配者（ステークホルダーとも呼ばれる）から発生する。そこで倫理問題を考える際には、経営者と労働者、労働組合、従業員、消費者、地域社会の主客間双方の視点が必要である。つまり、企業は社会の一員として、各ステークホルダーとの関係から、倫理問題を考慮しなくてはいけない。企業の各ステークホルダーの関係は、**図表2-1**により示されている。そのように企業は主客間の「共生」と「質的豊かさ」を基

図表2-1　企業の各ステークホルダー

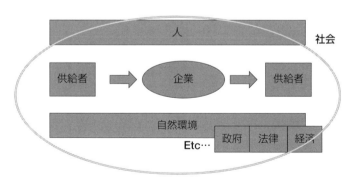

出所：先行文献分析より、筆者作成。

礎に、労資関係、従業員関係、消費者関係、地域社会関係について明らかにしなければならない[15]。

　上述のように、企業の内部・外部から見ると、労資関係、消費者関係と地域社会関係などが存在する。また、社会発展が伸張したとともに、消費者意識も高くなってきている。消費水準が上昇するに従って、消費の個人性が現れてきた。例えば、それは人身安全、食料品や調理品の鮮度、医療および化粧品に対しての、国際規格化・標準化などに現れる。既に、有限な資源を大切に使い、少ない消費で顧客満足度を高め、利益を生んでいく時代になった。

　また、地域社会関係問題に関しては、「私害の公害化」が挙げられる。それについて、日本の場合はおおよそ四つの時期があった。第一期は、戦後復興期から高度成長期の産業公害の時期であり、その特質は問題発生の局地性、因果関係、比較的明瞭性、技術的対応可能性にあった。第二期は、交通公害や閉鎖性水域汚染などの原因が不特定多数にのぼる都市生活型公害の時期である。この時期は、技術的対応だけでは解決困難な性格を持つところに特質がある。第三期は、汚染状況の著しい改善とともに国民のニーズの多様化と高度化もあり、「快適な環境への期待」が高まった時期である。第四期は、1988年以後の現在であり、地球環境問題の時期である[16]。

第３節　日本における経営倫理の必要性

　企業は社会の中に存在しており、社会の発展とともに企業と社会の関係は変化してきている。例えば明治維新以降、日本政府は「殖産興業[17]」政策を掲げ工業化を進めていた。そして、戦後は、「所得倍増」などの高度経済成長政策が社会的に支持されていた。その一方で、明治期において足尾鉱毒事件のような公害問題が生じ、高度経済成長期には水俣病、イタイイタイ病、四日市ぜんそくなどの公害病が問題化した。しかしながら、環境問題の存在を認識するものは明治期においては少数派にすぎず、四大公害病が社会問題化するまでは公害対策基本法も環境庁も作られなかった。しかし、1960年代半ばから、開放

経済体制の下で、高度経済成長の歪み問題に気付き、ようやく社会的責任は企業本来の目的である利潤を否定することではなく、利潤追求を重視しながら、社会的責任も無視してはいけないという「新しい経営理念」が出てきた。そのように時代を経るにつれてますます経営倫理が重要視されてきており、今日では、企業の事業戦略の中に社会貢献活動を取り込み、企業の利益と社会貢献を両立させるという、企業の「公共性」の発想も注目されている。このような中、日本における経営倫理の重要性が強調されている。

まとめ

　本章は、日本における経営倫理の変遷および現状について詳しく説明した。主に三つの内容が含まれている。

　一つ目は、日本における経営倫理の変遷である。戦後から 1970 年代まで新自由主義の台頭になり、社会的公正に捉われた。オイル・ショックの進行により、深刻な産業公害が頻繁に発生したため、企業責任に関わる規制が強化されることになった。そのため、1992 年初めに、日本経団連は「企業行動憲章」を提唱し、それは、これまで 2 度改定が行われている。しかし、その時代における企業の社会貢献活動は、従来の利益優先の考え方ではなく、経済的業績達成の阻害要因になっていた。そして、2010 年以降、企業の公共性という新しい観点が注目され、企業の利益と社会貢献を両立されることが求められている。

　二つ目は、現代日本における経営倫理の現状である。1960 年代、日本企業は高度経済成長期を迎え、産業構造の歪みの調整、またバブル経済とその破綻に対する失策により、日本経済は活力を失い、モラルが低下したのである。そこで、利潤追及と社会的責任の両方が重視されるという「新しい経営理念」が出てきた。また、日本企業の企業行動は、企業自身ではなく、企業と周りの利害関係者（ステークホルダー）との関係を考慮し、「共生」と「質的豊さ」が求めるようになった。

　三つ目は、日本における経営倫理の必要性である。明治期における足尾鉱毒事件、高度経済成長期における水俣病、イタイイタイ病、四日市ぜんそくなど

の公害病が問題化したにも関わらず、公害対策基本法も環境庁も作られなかっ
た。これらの社会問題が発生したあと、多くの対策方法が作られた。このよう
な時代の流れとともに、日本における経営倫理の重要性が強調されるように
なったのである。

注
1) 　新自由主義（New liberalism）とは、国内経済への国家の介入に反対する政治経済哲
学のことである。自由放任主義を新しい歴史的時代における個々の自由の維持、社会的
矛盾の仲介、そして自由に競争できる資本主義システムの維持を提唱する。
2) 　市場原理主義（Market fundamentalism）とは、ほとんどの経済的および社会的問題
を解決するために、規制のない自由放任主義または自由市場政策の能力に対する強い信
念に適用される用語である。自由市場原理主義としても知られる。
3) 　オイル・ショック（Oil Crisis）世界経済の変化や石油価格の影響を受ける国内経済に
よる経済危機である。1960 年 12 月に石油輸出国機構（OPEC）が設立され、イラン、
イラク、クウェート、サウジアラビアなどの主要メンバーが参加しました。そして南米
のベネズエラや石油輸出国機構などの国々は、石油価格を統制するための世界的な主要
機関となっており、これまでに認められた三つの石油危機は、1973 年、1979 年、1990
年に発生した。
4) 　ロッキード事件：1976 年 3 月、スキャンダルに対する抗議で、俳優の前野光康氏は、
児玉誉士夫の東京自宅に軽飛行機を衝突させて自殺攻撃を仕掛けた。田中角栄は 1976
年 7 月 27 日に逮捕され、8 月に 2 億円（690,000 ドル）の債券で釈放された。
5) 　企業行動憲章（Anti-social behavior）：企業行動憲章は、企業の高い責任感と社会倫理
観を持たせ、企業の責任的な行動原則を定めるために、1991 年に初めて経団連に提唱さ
れた経営倫理経営に関する規定である。
6) 　企業不祥事（Business Scandal）とは、日本における多くの企業には、企業不祥事が
出て、ステークホルダーの利益を損害し、社会的な信用を失わせることがある。
7) 　企業の社会的責任（corporate social responsibility）：企業は、利益を創出し、株主と
従業員に法的責任を取ると同時に、消費者、地域社会、そして環境に責任を負わなけれ
ばならない。
8) 　日本比較経営学会編［2006］「会社と社会：比較経営学のすすめ」文理閣。
9) 　劉［2010］Creating Public Value- The Challenges of Localization for Japanese Corpo-
rations in China, 早稲田大学出版部。
10) 　ポーター＆クラマー［2011］「共通価値の戦略」『ハーバード・ビジネスレビュー』（2011
年 6 月号）ダイヤモンド社，pp.8-31。
11) 　歪みを調整する過程は、1974~75 年の世界同時不況を経て、消費を越えて生産された
ものを海外に輸出することによって完了した。この海外輸出は、同時に「失業の輸出」
であり、「公害の輸出」であった。しかも高度成長の歪みの調整は、輸出の増加と為替レー

トの上昇という「悪循環」をともなうものであった。

12)　バブル清算の後は（円高→経営危機→コストダウン→競争力回復→円高更新→）という「悪魔のサイクル」に（リストラ→失業増大）（リストラ→コストリダクション→公害防止費用・環境対策費の削減）（リストラ→生産拠点の海外移転→失業渡航外の輸出）が重なって進行した。

13)　バブル経済（economic bubble）とは、おおむね不動産や株式をはじめとした時価資産の資産価格が投機によって実体経済の経済成長以上のペースで高騰し続け、投機によって支えなければならない市場が、投機によって支えきれなくなるまでの経済状態を指す。

14)　良き企業市民は、日本経団連により提唱された企業行動憲章の一つ内容である。企業は「社会の一員としての社会に役に立つ事業活動を行う」下で、自分の利益と社会の利益の両方を重視しながら、事業活動を行い、社会の発展と繁栄にも力を注ぎ、「社会と共に歩む」を目標として目指すことである。

15)　安保編著［1994］『日本的経営・生産システムとアメリカ』ミネルヴァ書房。

16)　鈴木・角野編著［2000］『経営倫理の経営学』ミネルヴァ書房。

17)　殖産興業：明治維新時代に日本が提案した新産業を育成するための政策の一つである。すなわち、国家権力を利用し、自己資金を資本蓄積のプロセスを加速させ、国営軍事企業を主導とし、資本主義を成長させるために、西側諸国のモデルに積極的に支援することである。

参考文献

・安保哲夫編著［1994］『日本的経営・生産システムとアメリカ』ミネルヴァ書房

・鈴木辰治・角野信夫編著［2000］『経営倫理の経営学』ミネルヴァ書房

・日本比較経営学会編［2006］『会社と社会：比較経営学のすすめ』文理閣

・ポーター, M. E. & M. R. クラマー［2011］「共通価値の戦略」『ハーバード・ビジネスレビュー』（2011年6月号）ダイヤモンド社, pp.8-31.

・劉慶紅［2010］Creating Public Value- The Challenges of Localization for Japanese Corporations in China, 早稲田大学出版部

第3章

経営倫理の理論的分析

【要旨】

　中国では数多くの思想が生まれてきたが、倫理に対する理解や基準はそれぞれ異なる。儒教思想、老荘思想、法家思想はまさに道徳に対する三つの思想である。しかし、儒教思想が最も力を持つ中国では、古来、人々の決断と行動の指針は利より義が重視されてきたともいえるだろう。

　日本における倫理思想は、日本固有である神道と中国の儒教、道教思想や仏教などが融合し、形成されたものである。特に中世において、仏教が盛んであり長い間、日本思想の主流であった。その後、近世思想は主に中国の儒教から影響を受け、近代では西洋思想に影響を受け始めた。また、企業がどのような価値観を捉えるかという問題については、水谷の「経営価値四原理」が有名である。企業が激しい競争の中で勝ち抜くためには、社会環境の変化を掴み、活用しながらビジネスを行う必要があり、そのためには経営倫理の理論的枠組みや経営倫理実践化が重要となる。

キーワード：倫理、道徳、儒教、倫理基準、利潤原理、倫理原理、インテグリティ

第1節　法と倫理の関係

　人間は単独で生きられないものであり、常に人と人の関係を築き社会生活を営む社会的動物である。多くの人が同じ目標を達するために集まることを集団という。人と人または人と集団が交流するとき、各々が好き勝手なことをすることはできない。そこには、社会規範が必要になる。企業は人と人とが集まった集団の一つである。企業の目的とは、あらゆる手段で利益最大化を図ることである。しかし、決して利益最大化を実現するために善悪に関係なく行動して

よいわけではない。企業活動を行おうとする際、環境破壊を前提とした明らか
な法律違反や、市民の価値観に合わないことを行うことで、市民から信頼感を
失うことがある。企業活動は法律範囲かつ倫理を守らなければならない。そこ
で、本節では、法律と倫理[1]の関係について明確にしていきたい。

　法の意味は、「社会秩序を維持するための定め」である。法とは狭義では法
律を指すが、広義では道徳[2]や礼儀、習慣なども含まれる。法の目的は正義で
あり、権利の実現である[3]（水谷編著［2003］．p.56）。法が機能しなくなると、
人は自分の好き勝手な欲望によって衝突することになり、正義の基準が消滅し、
社会は崩壊してしまう。したがって、裁判規範としての法は基盤の社会基準と
して、法律に従わなければ道徳といえない。倫理は道徳的規範や道徳性ともい
え、世の中に普遍に認識された正邪・善悪の規範である。倫理は成文化した法
律と比べ、人々に定着し成文化していないことが多い。したがって、多くの場
合、道徳は個人の価値観に依存し、道徳的規範も常に一致しない。特に、異文
化間ではそれぞれの習慣、宗教が異なり、道徳基準も多様である。しかし、ど
のような文化にも、共通性や普遍性が存在するのである。

　法と倫理の違いは、倫理の遵守は自律的であり、法律に従うというのは他律
的であるということである。また、法に対しての強制力と、倫理違反者に対し
ての強制力も異なる。例えば、法律に違反すると、罰金を取られ刑罰を課され
る一方、倫理に反する人に対しては社会的な非難がなされることが多い。企業
も同様に、違法行為を犯すと刑罰を課されるが、反倫理的行為を行うと社会的
に非難され、市民や住民から信頼を失うことによって制裁が与えられる。今日、
企業会計粉飾や犯罪、不祥事が後を絶たない状況である。エンロン事件の発生
を受けて、新しい上場企業会計改革および投資家保護法（通称SOX法）が制定
された。しかし、法律だけでは行き届かないところなど限界があり、そのため
に、法と倫理両方を守り、相互に補うことが重要である。

第２節　東洋の倫理思想と基準

2-1. 中国における倫理思想

　中国は長い歴史を持つ国である。春秋戦国時代には諸子百家が現れ、倫理に対する基準や思想が生まれた。その中で、日本は古代より中国から漢字文化などの影響を受けており、つまり功利主義、義務主義に基づいた西洋的な倫理思想よりも、「心と道の倫理」、「義と利の倫理思想」、「自利と他利の思想」に思想の原点を持っている[4]（福留［2000］, p.124）。そのため、日本における倫理思想と基準を明確するには、まず中国における倫理思想を概説する必要がある。

　中国倫理思想の発展時期は、おおむね四つに分けられる。それは、春秋戦国時代（先秦）、中世、宋明理学、近代の四つである。中国の春秋戦国時代は奴隷制社会から封建制に変遷した時期であった。乱世においては、道徳の本質、基準、評価や方法に対する異なる見解により、異なる思想が成り立った。儒家倫理思想は孔子に始まり、孟子、荀子を経て確立した。「仁」と「礼」は儒家道徳基準の核心である。「仁」とは、人と人が接する際の根本的な考えであり、他人を自分と同じ仲間として接することを指す「礼」は「仁」の思想を基づいた行為基準である。つまり、「仁」は人間の日々の活動を支える思想、他人に対する心の在り方である[5]（小坂・岡部編著［2005］）。「論語」の中では、富と道徳に触れた言葉もみられるが、「君子喩於義小人喩於利」（君子は義に喩り、小人は利に喩る）、「不義而富且貴於我如浮雲」（不義にして富み且つ貴きは、我に於いて浮雲の如し）はどちらも道徳の重要性（義）を強調し、実際の功利を軽視する。

　儒家思想の他に、道家思想も中国における古代より現在に到るまで最も力のある思想の一つである。道家の思想は老子に始まり、荘子が継承発展させ、日本では老荘思想ともいう。老荘思想は、自然を崇拝し、無私無我を理想とする。世の中には絶対的な基準が存在せず、道徳基準や善悪基準を反すると主張し、

自然にあるがままにいることを善とする。老荘思想を実現することは難しいが、自然に従い行動し、ありのままの姿を保つという思想は、今日の環境保護や環境倫理ないし経営倫理に啓発を与えた。

古代から最も力を持つ儒教[6]思想は今の中国や日本に大きな影響を与えたが、また、儒教を「仁」と「礼」と表現した道治主義とは異なり、法治主義を説いた法家も現れた。法家思想は、道を軽視し、道徳の役割を否定する。その一方、法家は厳しい法律を作り、定まった法律によって国家を統治とする。

以上で述べたように、中国では数多くの思想が現れ、倫理に対する理解や基準はそれぞれ異なる。儒教思想、老荘思想、法家思想はまさに道徳に対する三つの異なる思想である。しかし、儒教思想が最も力を持つ中国では、古来、人々の決断と行動の指針は利より義が重視されてきたといえるだろう。

2-2. 日本における倫理思想

日本における倫理思想は、日本固有にある神道と中国の儒教、道教思想や仏教などが融合し、形成されたものである。特に中世において、仏教が盛んであり長い間、日本思想の主流であった。その後、近世思想は主に中国の儒教から影響を受け、近代では西洋思想に影響を受けた。

古代の日本倫理思想は国家政治に密接していた。聖徳太子は国家統治を図るために、日本最初の憲法である「憲法十七条」を制定した。この「憲法十七条」は、官吏や貴族に対する道徳的な規範であり、君と臣と民の関係を明確にした。人と人が接する時、「信」があることが重要であり、他人を信じ「信頼関係」を重視することが古代における倫理基準[7]の一部であった[8]（日本書紀［2015参照]）。その後、日本では仏教思想が広がり、仏教の力で人々の思想を統一させ、国の政治を安定させようとする「国家鎮護」思想が普及した。また、仏教の主流である自分の利益を犠牲にし大衆のために努力するという大乗仏教の精神は、長い間古代日本倫理思想の基本であった。

近世に入ると、日本の封建統治が強まっていった。江戸時代には、封建制統治を崇拝する儒教が一般的とになった。石田梅岩は、江戸時代の代表的な思想

家であるが、重農抑商の伝統的な封建主義に対し、彼は商売活動、利益を求める正当性を主張した。また、彼は商人が利益を求めることは正当な活動であるが、利益の正当性を守らなければならない、とも主張した。この思想は、日本におけるCSRの源泉といっても過言ではない。

　以上より、日本の倫理思想は中国儒教の思想を基盤とし、人と人の「調和関係」を重視することや「利」より「義」を重視する思想は中国と同じである。さらに、日本独自の神教と仏教、儒教を融合し、「商人道」の自覚を求める。また、近代の日本は、明治維新後に急速に西洋の倫理思想の影響を受けた。そのような日本でよく見られる西洋の倫理思想を次節で述べる。

第３節　日本で注目されている海外発の倫理基準

　経営倫理には二つの座標軸がある。一つの座標軸は「ビジネスとはつまり金儲けである」とする、いわゆる一般に信じられているビジネスの価値基準である。この価値基準は利潤や業績の高低で測られる。そして、もう一つの座標軸は「人間の行為における善悪」を扱う倫理の価値基準である[9]（梅津［2002］）。本節では、経営倫理の総合的な価値基準を説明するため、「目的論」、「義務論」、「正義論」という日本で注目されている三つの倫理基準を紹介する。

3-1.　目的論

　目的論とは、何らかの目的を達成するために存在や活動することである。例えば、幸福と利益の促進を社会の目的とするのは目的論の一つであり、いわゆる「功利主義」である。「功利主義」は幸福を求め「最高善」としての幸福を追求する道徳基準である。功利主義の創立者であるベンサム　によると、世の中の行為は二つに分けられる。それは、全体の幸福を促進する「快楽」な行為であれば正義であるとみなされ、一方で、全体の幸福を阻害する「苦痛」を与える行為は悪であるとみなされるというものである。「功利主義」は自己の便益を考えることでなく、「最大多数の最大幸福」を目的としており、できるだ

け多くの人の幸福を重視する思想である。しかし、「功利主義」によると、社会全体がよければいいという発想に至り、少数派を軽視ないしは無視した不平等な結果を生んでしまうという可能性がある。

3-2. 義務論

義務論とは倫理学者カント[10]が提唱した倫理基準であり、先述した功利主義と対立するものである。カント[11]が提唱した義務論は日常考えている道徳とは異なり、「意志が道徳律と準奉して、義務意識から行為を引き起こす場合のみが善なる行為である」とする[12]（山田［2004］，p.216）。目的や結果のためではなく、それ自体として遵守されるべきものであるという考え方が、功利主義などの目的論と最も異なる点である。カントによると、道徳法則は「このようにすべし」という人間行為に絶対的、無条件に当てはまる命令であり、「義務のために義務を尽くせ」と説いた。

カントの義務論は、ビジネス上の判断によって影響を受けるステークホルダーの人間性や権利の保護を中心としている。さらに、義務論の考え方は生得的にすべての理性的存在者に備わっていることを前提として、普遍化される可能性が存在している。この意味ではカントの倫理理論は今日においてもその意義を失っていない。しかし、カントが要求している倫理水準は大変厳しく現代の社会ではあまりにも理想主義的すぎるのではないかという見方もある。さらに、カントの厳格主義によって現代社会の多くの営みが制限されてしまい多様な価値観が育まれないのではないかという恐れもある。

3-3. 正義論

正義論とは1971年にロールズ[13]が説いた理論である。正義論は功利主義を吸収したが、功利主義に対し批判も行った。「最大多数の最大幸福」を達成するには二つの問題がある。一つは、功利主義は快楽をもたらすことを善とし、苦痛を引き出すことを悪とする。しかし、その善と悪の基準というのは個人によって異なり、個人は多様性を持っている。もう一つは、多数者の幸福のため

に少数の自由を軽視することである。この思想によって、世界全体の富は増えたものの、それは南北経済格差や国内における貧富格差の拡大も引き起こした。正義論は、功利主義を修正するために社会契約理論も吸収した。そこで、ロールズは二つの原理を導き出した。第一原理は、各人は平等な基本的自由を定めることができ、他人の自由権利に干渉しない限り最大限の自由が認められるというものである（自由均等原理）。第二原理は、「格差原理」と「公正な機会均等原理」の二つからなる。格差原理とは、最も不遇な状態にある人の便益を最大化するというものである。公正な機会均等原理とは不平等な状況に陥った人に対して公正な機会を保つ必要があるというものである。さらに、彼はこの原理の優先順位を整理し、第一原理を優先し、第二原理においても「公正な機会均等原理」が「格差原理」より優先すべきものとした。

　ロールズの正義論は優れた洞察を多く含む理論であり、学問の世界から政策立案に至るまで多大な影響力を持った理論である。しかし、それだけに多くの問題があり、左右両陣営から厳しい批判にさらされてきた。左派からは不平等を容認する理論として厳しい批判を受け、自由主義からは望ましくない平等を推奨する理論として批判されているのである。

第4節　経営倫理の理論的な枠組み

　倫理基準は個人を対象として定められたものである。しかし、企業は人の集団であり経営倫理を実現するためには、個人倫理基準だけではなく企業の価値観が必要となる。企業内部の従業員はそれぞれの価値観を持ち、倫理基準はある程度異なるものの、彼らは、企業の価値観に従い活動を行う。しかしながら、異なる分野を取り扱う企業は常に価値観が同じではない。企業がどのような価値観を捉えるかという問題については、水谷の「経営価値四原理」が参考となる。この原理は、企業活動を行う際に四つの原理すなわち、「効率性原理」、「競争性原理」、「人間性原理」、「社会性原理」がそれぞれどのような位置付けになるか考究するものである。

4-1. 「効率性原理」と「競争性原理」

　企業の価値観を明確にするには、まず企業の存在する目的を明確にする必要がある。近代的資本主義時代では、企業は営利のツールとして限られた資本でできる限り多くの資本の増殖をすることを目的としてきた。19世紀から第二次世界大戦まで欧米諸国において資本主義が急速に発展し、新古典派経済学は当時主流な経済思想であった。新古典派経済学者たちは、市場の力を信じ、市場に任せることで市場の供給と需要のバランスが価格メカニズムによって調整できるとした。つまり、自由放任主義を提唱し、自由競争の市場において企業の私的利潤は社会的利潤と一致するとした。社会の富は、企業の活動によって増加する。企業の責任は、激しい競争の中に生存し、より高い効率の中で利益を追求することである。この利潤を最大化するための原理は、「効率性原理」と「競争性原理」という。

　「効率」とはインプットに対するアウトプットを大きくすることであり、いわゆる最小費用の最大効果を追求する原理が「効率性原理」である。具体的には、原材料や生産機械の廉価購入、企業内で発生する諸経費の削減、生産上のムダの排除の徹底化、生産活動における従業員熟練度向上、生産方式の改善など、これらすべては効率性の向上に繋がる活動である。他方、「競争」は他者との対比における勝敗であり、他者に比べてより優位性の確保を追求する原理こそが「競争性原理」である。具体的には、ポーターの基本戦略により、コスト低減、差異化、市場をセグメントし集中戦略を打つことなどが有力な競争方法となる。さらに、近年アフタサービスの向上などソフトの面に力を入れることによって競争優位を確保しようとするケースもよく見られる。

　企業の業務の効率が上がれば大量生産によるコストダウンや規模の経済が実現でき、自社の競争力の向上に繋がるため、当然利潤もより多く獲得できる。また、競争性を強化すれば効率性が高い企業が生き残り、営利効率が悪い企業が淘汰される。こうして「効率性」と「競争性」は相互に補い合い、二輪の関係にあるといえる。

　しかし、実際の世界では常に自由競争的な市場が存在しているとはいえない。独占、寡占など不完全自由競争市場が存在し、さらに国家の核心利益となるため、国家により統治される市場もしばしば見られる。その場合、新古典派経済学が提唱した企業の私的利潤と社会的利潤の一致が実現されないという事態が生じる。また、この二つの原理を採用する経済第一主義や企業優先主義は、市民の不信に大きく起因しており、「あらゆる手段を用いて利益の極大化を図る、そして、効率性や競争性を強化してその目的を達するような価値観はもはや過去の価値観であり、今では通用しない」[14] とも言われている（水谷 [1995a]，p.3-4）。

4-2. 「人間性原理」と「社会性原理」

　前述のように、「効率性」と「競争性」による利潤最大化を図る企業価値観は現代においてもはや通用しなくなっている。旧来の企業も当然従業員の健康を配慮し、休憩時間や有給休暇を提供することも少なくないが、これはあくまで従業員を喜ばせ、より効率的に利潤を追求できるように提供しているものである。今日では、「人間の権利を重視する」や「社会、環境を重視する」といった姿勢がなくては、企業は国民から信頼を得られなくなり、当然利益の獲得もできなくなる。したがって、「効率性原理」、「競争性原理」の他、「人間性原理」と「社会性原理」を加える必要がある。「人間性原理」とは人間の原理を重視し、経営において人間性を無視せず活動をすることである。「社会性原理」とは社会に迷惑を及ぼさない、また企業と社会の関係を配慮し社会に貢献することである。「人間性」を重視する企業は個人の人間性を尊重するとともに、社会にも貢献しているといえる。よって「人間性原理」と「社会性原理」も相互に補い合う関係であるといえる[15]（水谷 [1995a]）。ただし、「効率性原理」と「競争性原理」が一体となって、これまでの経営管理活動の発展を推進してきたことは疑う余地がない。しかし、企業が効率をあげ、また、競争に勝つことのみを経営目標とした場合「利益第一主義」、「会社中心主義」の問題が出てくる。2013年10月22日に開示されたニュースでは、阪急阪神ホテルズ（大阪市北区）

は、運営する東京、大阪、京都、兵庫のホテルなどでメニュー表示と異なる食材を使った料理を約7万9000人に提供していたと発表した[16]（産経ニュース［2013]）。また、同年10月24日フジテレビは、人気バラエティ番組「ほこ×たて」の1コーナーで、収録の順番や対戦の運営方法について不適切と思われる演出が確認されたとして、同番組の27日以降の放送を取りやめると発表した[17]（エフシージー総合研究所株式会社［2013]）。これらの身近な問題は、旧来からの「効率性原理」と「競争性原理」の2原理のみで経営システムを構築・運用するとどのようになるのかを示した事例となった。

　以上の2件は最たる例であり、「効率性原理」、「競争性原理」、「人間性原理」、「社会性原理」を均衡的に追求する4原理の時代が到来していることを示している。

　2原理システムから4原理システムへの転換を主張するが、決して利益や会社発展を無視している訳ではない。いうまでもなく、「人間性原理」は人間尊重の思想に基づくヒューマニズムであり、従業員に対して、身分・性・人種による差別待遇の廃止、モチベーション向上への工夫、働きやすい環境を整えることなどがその内容として求められる。「社会性原理」は企業の社会との関わりにおける配慮と貢献を促進し追求する考え方である。商法・独占禁止法に違反する行動を排除し、自然環境にやさしい生産方式への改善などが要求される。また、人間性と社会性の具体例として、主なものを以下の**図表3-1**に表す。だが、この経営システムの転換に関して、さまざまな反論が浴びせられている。「角を矯めて牛を殺す」とか「企業は慈善事業ではないのだろうか」というものである。「効率性原理」、「競争性原理」、「人間性原理」、「社会性原理」という4原理がバランスよく経営活動を進めることが望まれる（**図表3-1**）。

4-3.「利潤性原理」と「倫理性原理」

　では、企業は四つ原理の中で、どのようなバランスをとって事業活動を行っていけばよいだろうか。水谷は、「効率性原理」と「競争性原理」を「利潤性原理」と称し、「人間性原理」と「社会性原理」を「倫理性原理」とした。そ

図表 3-1　人間性原理と社会性原理

	人間性	社会性
反社会的	・過労死、準過労死 ・超長時間労働 ・サービス残業 ・差別待遇 　・人種差別 　・年齢差別 　・性差別 　・身障者差別 ・不当労働行為 など	・独占禁止法違反（談合・取引制限） ・利益誘導型献金 ・外国人不法労働 ・総会屋（暴力）との癒着 ・武器輸出等不正取引 ・廃棄物投棄・PL 責任回避 ・公害垂れ流しの被害者救済拒否 ・地球環境破壊 など
社会への促進	・労働時間短縮の推進 ・自己申告制 ・フレックスタイム制 ・介護休暇（有給） ・ボランティア休暇（有給） ・ゆとりと豊かさライフ ・職住接近 ・単身赴任の廃止 など	・監査役機能の強化 ・企業行動倫理委員会の設置と充実 ・企業行動憲章の制度と社員研修 ・公害防止・環境保護の積極化 ・社会貢献活動（メッセ・フィランソロピー） ・社外ボランティア活動への物心の支援 ・情報公開の推進 ・社会・地球との共生歓迎 など

出所：水谷［1994］, pp.6, 17 より抜粋。

図表 3-2　水谷の「経営価値四原理」

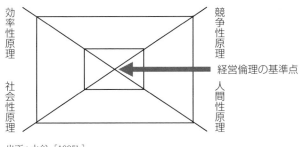

出所：水谷［1995b］。

して、効率性を追求すればするほど人間性が喪失し、競争が激化すればするほど反社会的行動が多くなるというトレードオフの関係を見出した。つまり、「利潤性原理」と「倫理性原理」は対立した立場にあり、相反関係にあるということである。企業は営利活動する際、この二つの原理を同時に取り、バランスよく追求することが重要である。

　図表 3-2 は四つ原理の均衡状態を表した図である。この図の、二本のライ

ンの交点を経営倫理の基準点と呼ぶ。前述のとおり、「利潤性原理」と「倫理性原理」は対立した立場にあり、企業は相互にバランスをとりながら事業を行う必要がある。そこで、経営倫理の基準点をどこに定めるべきなのかという問題がある。しかし、この問題に対し絶対的な解答は存在しない。なぜならば、企業はそれぞれが異なる経営環境におかれているからである。また、1社の企業だけを取り上げてみても、その経営環境は刻々と変化しており、それに対応して経営倫理の基準点を設定する必要があるといえる。

　「利潤性原理」は効率性原理と競争性原理のことであり、「倫理性原理」は人間性原理と社会性原理のことである。この両原理の対立的確立と実現という場合、その「対等性」から求められる最も重要なことは、両原理の「均衡性」な両立である。なぜなら、両立しても、バランスを欠くようでは、基本的には2原理中心の古い経営システムに逆戻りする恐れすらあるからである。つまり、常に、両原理が均衡を保有できるような経営活動を進めることが望まれる[18]（水谷［1995b］）。

　さらに、**図表3-3**に表したように、E「効率性原理」、C「競争性原理」、H「人間性原理」、S「社会性原理」の4原理が同じ均衡的両立であっても、Z型のような小正方形は好ましくなく、X型のような大正方形のパターンが望まれる。まさに、この大正方形が示す二つの両原理におけるそれぞれの拡大的均衡両立こそ最も望ましい目標でなければならない。

第5節　経営倫理実践化の方法

5-1. 企業の倫理的意思決定モデル

　図表3-4は、水谷による企業の倫理的意思決定モデルのフローである。企業の倫理的意思決定は五つの部分に分けられ、それは①倫理問題の認識、②道徳的評価、③行動方針の決定、④行動、⑤行動結果の評価の五つの評価である。①②③の各過程に、企業組織文化・経営行動基準・経営政策・関係者の知識・

図表 3-3　経営倫理 4 原理システム総合図

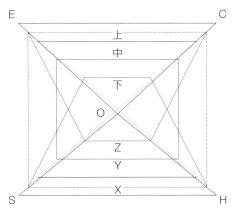

E ＝効率性原理　　　C ＝競争性原理
S ＝社会性原理　　　H ＝人間性原理
・相反的関係——E ⊃ C ⊃ H。C ⊃ S
・相補的関係——E ←→ C。S ←→ H
上—E・C が優れている。　　　X—S・H が優れている（促 H・S）。
中—E・C がまあまあである。　X—S・H がまあまあである。
下—E・C が劣っている。　　　X—S・H が劣っている（反 S・H）。
大多数の普通の会社—中／Y 型（まあまあ型）→中→上、Y → X へ改善・革新が必要。
最も拙い会社—下／Z 型（劣っている型）→反 H・S の排除・廃止により Z → Y への転換が必要。
最も好ましい会社—上／X 型（優れている型）→技術、研究開発と商品・事業開発を中心とする不
断の経営革新が必要。
出所：水谷［1995b］, p.3 を参考に筆者作成。

図表 3-4　水谷による企業の倫理的意思決定モデルのフロー

①倫理問題の認識　②道徳的評価　③行動方針の決定　④行動　⑤行動結果の評価

出所：水谷［1995a］。

価値観・態度・意図という七つの要因が介入している。また、①②③⑤におい
て主観的判断を回避するために、経営理念の原理的な確立とその具体化ないし
補完として、常に環境の変化に対応できる経営倫理基準の確立と修正が必要と
なる。

図表 3-5 経営倫理実践システムの倫理プログラム

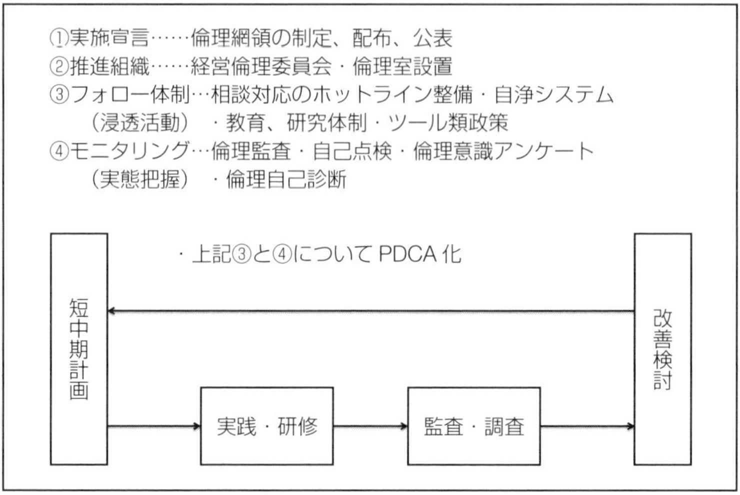

①実施宣言……倫理綱領の制定、配布、公表
②推進組織……経営倫理委員会・倫理室設置
③フォロー体制…相談対応のホットライン整備・自浄システム
　（浸透活動）　・教育、研究体制・ツール類政策
④モニタリング…倫理監査・自己点検・倫理意識アンケート
　（実態把握）　・倫理自己診断

・上記③と④について PDCA 化

短中期計画　→　実践・研修　→　監査・調査　→　改善検討

出所：BEI ビジネス倫理研究所［2004］, p.4。

5-2. 経営倫理実践化に不可欠な項目

　企業は内部統制のため、リスクマネジメントの一環として、経営倫理実践システムの核となる倫理プログラムを構築する（**図表 3-5**）。

　企業はまず何をするべきかという積極的な面のみではなく、何をすべきでないかという消極的な面を示すと同時に、可能な限り到達水準および評価基準を示す倫理綱領、企業行動指針などを制定し、実施を宣言すべきである。これらの推進組織として、副社長クラスの担当役を任命し、常務以上の役員および弁護士等外部の人間からなる委員会を設置し、コンプライアンス部などの専任部署および責任者を任命し、規程の経営倫理関係事項などの見直し整備をする。また、フォロー体制の整備として、短期、中期の経営倫理実践計画を立案する。それに基づき、階層別に研修プログラムを作り、定期実施スケジュールを組む。さらに、自浄システムの核として、ヘルプラインを設置して内部通報体制を固める。そこでは、活用方法を公表したり、経営トップの報告を実施などにより、

組織として改善のための円滑な運営を図る。最後には、モニタリング制度の整備と「気づき」のシステムを確立する。PDCA マネジメント・システムのように回すことが求められる[19]（BEI ビジネス倫理研究所［2004］, p.4）。

水谷は、経営倫理実践化に向けた6項目として、①積極的な面のみでなく、消極的な面を示すと同時に、可能な限り到達水準および評価基準を示す倫理網領ないし行動基準、②権力中枢である社長の極力に近い地位のある役員を担当者とする倫理委員会、③特定分野の制度や手続きに関する規定ないしマニュアルを備えた具体的な倫理綱領の策定とその浸透を測る経営教育プログラム、④告発者保護条項によって護られる内部告発、⑤倫理基準に従った意思決定や行為の倫理監査、⑥以上の事項を積極的に推進しようとする勇気ある経営者の姿勢、を挙げている。

以上の経営倫理実践化システムはあくまで理想的な運営システムである。実際に PDCA サイクルを回す際には、必ず順調に進む保障があるとはいえない。著者は企業がトップダウン型の運営手法だけではなく、ボトムアップ型の従業員参加も非常に重要だと考えている。何より経営倫理実践化システムを遂行する時、持続的な活動が必要であるため、万が一の際には従業員の参加および提案により、モチベーションを高め、組織を活性化することを通じて持続的な経営倫理実践化システムの構築が望まれる。

まとめ

従来日本の倫理思想は中国儒教の思想を基盤とし、日本独自の神道と仏教が融合して形成された。また近代の日本では、明治維新後に急速に西洋の倫理思想を受けた。その中でも、現代倫理の基準として代表的なものとして、「目的論」、「義務論」、「正義論」の三つがあるが、企業としては個人倫理基準だけではなく企業の価値観が必要となるため、経営倫理の基準として、「利潤性原理」、「倫理性原理」をバランスよく追求するべきである。また、経営倫理を実践するためには、インテグリティのある戦略への取り組みが不可欠である。

注

1)　倫理とは人として守るべき道である。道徳として見られることもある。
2)　道徳とはある社会で、人々がそれによって善悪を判断し、正しく行為するための規範の総体である。法律と違い外的強制力としてではなく、個々人の内面的原理として働くものをいい、また宗教と異なって超越者との関係ではなく人間相互の関係を規定するものである。
3)　水谷編著 ［2003］『経営倫理』同文舘出版。
4)　福留 ［2000］『日本企業の経営倫理：日本企業の経営道と倫理基準の再構築』明光社。
5)　小坂・岡部編著 ［2005］『倫理学概説』ミネルヴァ書房。
6)　儒教とは仁を根本とする政治、道徳を説いた孔子を祖とする中国の教説。
7)　倫理基準は個人倫理基準と経営倫理基準の二つに分けられている。
8)　日本書紀『日本書紀巻第廿二』［http://www.seisaku.bz/nihonshoki/shoki_22.html］（参照 2020 年 1 月 23 日）。
9)　梅津 ［2002］『ビジネスの倫理学』丸善出版。
10)　ジェレミ・ベンサム（Jeremy Bentham, 1748-1832）は、イギリスの哲学者・経済学者・法学者。功利主義の創始者として有名である。
11)　イマヌエル・カント（Immanuel Kant, 1724-1804）。プロイセン王国（ドイツ）の哲学者であり、ケーニヒスベルク大学の哲学教授である。
12)　山田 ［2004］『倫理学概説』原書房。
13)　ジョン・ボードリー・ロールズ（John Bordley Rawls, 1921-2002）。アメリカ合衆国の哲学者。主に倫理学、政治哲学の分野で功績を残し、リベラリズムと社会契約の再興に大きな影響を与えた。
14)　水谷 ［1995a］『経営倫理学の実践と課題：経営価値四原理システムの導入と展開』白桃書房。
15)　水谷 ［1995a］『経営倫理学の実践と課題：経営価値四原理システムの導入と展開』白桃書房。
16)　産経ニュース ［2013］『阪急阪神ホテルズに初の立ち入り調査　消費者庁』［https://www.sankei.com/life/news/131112/lif1311120011-n1.html］（2019.02.20 閲覧）。
17)　エフシージー総合研究所株式会社 ［2013］『情報調査部の調査により』［http://www.fcg-r.co.jp/research/］（参照 2020 年 1 月 23 日）。
18)　水谷 ［1995b］「ビジネス・エシックスと経営理念・労務：経営倫理学の基本原理をふまえて」『国際経営論集』8:1-48。
19)　BEI ビジネス倫理研究所 ［2004］『経営倫理実践システムの確立・運営—CSR の観点から』。

参考文献

・BEI ビジネス倫理研究所 ［2004］『経営倫理実践システムの確立・運営—CSR の観点から』
・梅津光弘 ［2002］『ビジネスの倫理学』丸善出版
・エフシージー総合研究所株式会社 ［2013］『情報調査部の調査により』

　　［http://www.fcg-r.co.jp/research/］（参照 2020 年 1 月 23 日）
・小坂国継・岡部英男編著［2005］『倫理学概説』ミネルヴァ書房
・産経ニュース［2013］『阪急阪神ホテルズに初の立ち入り調査　消費者庁』
　　［https://www.sankei.com/life/news/131112/lif1311120011-n1.html］（参照 2020 年 1 月
　　23 日）
・日本書紀『日本書紀巻第廿二』［http://www.seisaku.bz/nihonshoki/shoki_22.html］（参照
　　2020 年 1 月 23 日）
・福留民夫［2000］『日本企業の経営倫理：日本企業の経営道と倫理基準の再構築』明光社
・水谷雅一［1994］「経営倫理学の必要性と展望：日・米間の格差の認識」『国際経営論集』6:
　　1-34
・水谷雅一［1995a］『経営倫理学の実践と課題：経営価値四原理システムの導入と展開』白
　　桃書房
・水谷雅一［1995b］「ビジネス・エシックスと経営理念・労務：経営倫理学の基本原理をふ
　　まえて」『国際経営論集』8:1-48
・水谷雅一編著［2003］『経営倫理』同文舘出版
・諸橋轍次［1989］『論語の講義』大修館書店
・山田孝雄［2004］『倫理学概説』原書房

第**4**章
企業の内外的倫理問題

【要旨】

　現代企業において起こり得る倫理上の諸問題は、大きく分けて二つある。一つは、企業内部で引き起こされる対内的な倫理問題であり、もう一つは企業外部に向けて生じる対外的な倫理問題である。まず、企業の対内的な倫理問題とは、企業内部で発生する倫理問題であり、労使関係が成立していることを前提として発生する問題である。一方、企業の対外的な倫理問題とは、企業外部で発生する問題であり、主に消費者問題と環境問題などが含まれる。企業とステークホルダーとの関係が重視される中、企業は、企業の内外的倫理問題への意識を高める必要がある。

キーワード：対内的な倫理問題、対外的な倫理問題、労使関係、モラルハザード、
　　　　　　　消費者問題、環境問題

第1節　企業の対内的な倫理問題

1-1. 労使関係の対立性

　企業の対内的な倫理問題[1]とは、企業内部で発生する倫理問題であり、労使関係[2]が成立していることを前提として発生する問題である。労使関係とは、単に経営者・従業員間のみならず、企業内部を構成する資本家、経営者、管理者、そして従業員間の関係すべてを対象としている（**図表4-1**）。

　ここで、雇用者たる企業は自己の利益を優先しようとするため、従業員に対して公平さを欠いた行為や人権・尊厳を無視した対応をとる可能性がある。

図表4-1 労使関係による企業内部の倫理問題

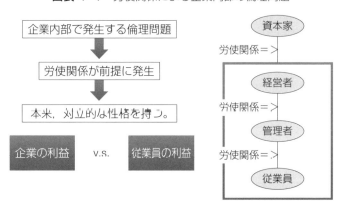

　一方、被雇用者たる従業員も自己の利益を優先しようとするため、企業が監視しきれないところで手を抜いたり、企業の資本を悪用したりする可能性がある。

　以上より本来、企業と従業員との間の労使関係は対立的な性格を持つといえる。

　労使関係に対立性があることにより、双方向にモラルハザード[3]が引き起こされる可能性がある。従業員が企業に対して行う怠業などのモラルハザードはマネジメントによって対応され、企業の従業員に対する倫理の欠如の問題を問うのが経営倫理である。このように、企業の対内的な倫理問題は、管理主体である企業から、管理対象である従業員へのモラルハザードを対象にしたものである（**図表4-2**）。

　多数の労働者が自らの労働力を市場に持ち込み、それを求める企業側との間で交渉し、雇用された従業員は具体的な人事・労務管理の下で教育、訓練を受け、職場へと配置される。この中で労働時間や賃金などの倫理問題が生まれ、最終的には退職という局面を迎える。つまり、労働者は雇用から退職まで、すべての段階に関わって様々な倫理問題に直面している。

　企業内部に問題が発生する際には、まず一般的な倫理基準として「公正の実

図表４-２　企業の対内的な倫理問題

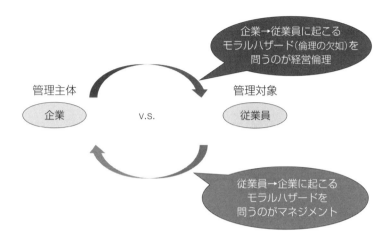

現」がなされるべきである。そこでは、企業がすべての従業員をどれほど公正
に取り扱うのかということが重要になってくる（鈴木・角野編著［2000］[4]）。また、
もう一つの倫理基準は人間としての権利であり、従業員に対する「人権の擁護」
である。以上の「公正の実現」と「人権の擁護」という倫理基準に沿って具体
的な企業の対内的な倫理問題を検討する。

1-2. 経営倫理と雇用管理・賃金管理・労働管理

　労使関係における倫理問題は主に、雇用問題、賃金問題、長時間労働問題の
三つに分けられる。雇用は労使双方に非常に重要な意味を持っている。労働者
は企業に雇用され、仕事を遂行し、企業はその対価として賃金を支払っている。
つまり、企業は従業員が持つ生存権と雇用を結びつける役割を担っているので
ある。そこで重要なのが「公正の実現」と「人権の擁護」という二つの倫理基
準である。

　しかし、経済不況や企業が赤字経営の時に、そうした労働者の人権を守り発
展させるという雇用者の意識は非常に低くなる。乱暴な解雇や新卒、中途採用
を少なくすること、人種・性別による雇用の決定は雇用調整の非倫理性の問題

として挙げられる。では、なぜこのようなことをするのか。それは企業にとって費用削減の手段になり得るからである。そこで、「計画性」、「継続性」、「公平性」という三つの原則に基づいた雇用管理を実践する必要がある。

　計画性の原則とは、企業が雇用を成り行きに任せるのではなく、長期的な見通しを持って計画的に実行することである。また、継続性の原則とは、従業員を貴重な人的資源としてみなし、優れた人材を常に継続して雇用し、従業員の人的構成のバランスを欠かないよう配慮することである。さらに、公平性は、雇用管理をできるだけ差別のないよう、公平に行うことを求めることである（鈴木・角野編著 [2000][5]）。企業は、これらの三つの原則に基づく雇用管理を行わなければならない。

　次に、賃金をめぐって発生する倫理上の問題である。賃金問題では、賃金の絶対額と支給のあり方が問われる。企業の対内的な倫理問題をめぐる倫理基準は「人権の擁護」と「公正の実現」である。

　「人権の擁護」という観点からは、人権を擁護できる賃金はいくらなのか、という問題に対し企業の判断が求められることとなる。また、その最低額さえ支払えば倫理的と言えるのかという問題も発生する。そのため、「生存」[6]のための賃金から「生活」[7]のための賃金という転換が必要である。適切な賃金を提供することは、従業員の生活を保障しながら彼らの労働意欲を高めて企業の拡大再生産を実現することを可能にする。

　また、「公正の実現」という観点からは、企業内の賃金格差はどのように決められるべきか、どのように公正にパフォーマンスを反映した賃金を決定するのかという問題がある。本来、賃金は労働の対価として支払われるべきものであり、性別、学歴、思想などは考慮すべきでない。

　つまり、賃金は労働の質と量のみで決定されるべきであり、公正な基準が必要となる。例として、厚生労働省東京労働局は、2018年8月31日に東京都最低賃金を27円引上げ、985円に改正する（引上げ率2.82%）ことを決定し、官報公示を行った。東京労働局では、引き続き、改正された最低賃金額を始めとする最低賃金制度の周知を行うとともに、中小企業・小規模事業者に対する支

援施策を推進していくと発表した（厚生労働省東京労働局［2018］[8]）。また、各地域の最低改定状況は**図表 4-3** を示す。

図表 4-3 平成 30 年（2018 年）地域別最低賃金改定状況

都道府県名	最低賃金時間額【円】		発効年月日
北海道	835	(810)	平成 30 年 10 月 1 日
青　森	762	(738)	平成 30 年 10 月 4 日
岩　手	762	(738)	平成 30 年 10 月 1 日
宮　城	798	(772)	平成 30 年 10 月 1 日
秋　田	762	(738)	平成 30 年 10 月 1 日
山　形	763	(739)	平成 30 年 10 月 1 日
福　島	772	(748)	平成 30 年 10 月 1 日
茨　城	822	(796)	平成 30 年 10 月 1 日
栃　木	826	(800)	平成 30 年 10 月 1 日
群　馬	809	(783)	平成 30 年 10 月 6 日
埼　玉	898	(871)	平成 30 年 10 月 1 日
千　葉	895	(868)	平成 30 年 10 月 1 日
東　京	985	(958)	平成 30 年 10 月 1 日
神奈川	983	(956)	平成 30 年 10 月 1 日
新　潟	803	(778)	平成 30 年 10 月 1 日
富　山	821	(795)	平成 30 年 10 月 1 日
石　川	806	(781)	平成 30 年 10 月 1 日
福　井	803	(778)	平成 30 年 10 月 1 日
山　梨	810	(784)	平成 30 年 10 月 3 日
長　野	821	(795)	平成 30 年 10 月 1 日
岐　阜	825	(800)	平成 30 年 10 月 1 日
静　岡	858	(832)	平成 30 年 10 月 3 日
愛　知	898	(871)	平成 30 年 10 月 1 日
三　重	846	(820)	平成 30 年 10 月 1 日
滋　賀	839	(813)	平成 30 年 10 月 1 日
京　都	882	(856)	平成 30 年 10 月 1 日
大　阪	936	(909)	平成 30 年 10 月 1 日
兵　庫	871	(844)	平成 30 年 10 月 1 日
奈　良	811	(786)	平成 30 年 10 月 4 日
和歌山	803	(777)	平成 30 年 10 月 1 日
鳥　取	762	(738)	平成 30 年 10 月 5 日
島　根	764	(740)	平成 30 年 10 月 1 日
岡　山	807	(781)	平成 30 年 10 月 3 日
広　島	844	(818)	平成 30 年 10 月 1 日
山　口	802	(777)	平成 30 年 10 月 1 日
徳　島	766	(740)	平成 30 年 10 月 1 日

香　川	792	(766)	平成 30 年 10 月 1 日
愛　媛	764	(739)	平成 30 年 10 月 1 日
高　知	762	(737)	平成 30 年 10 月 5 日
福　岡	814	(789)	平成 30 年 10 月 1 日
佐　賀	762	(737)	平成 30 年 10 月 4 日
長　崎	762	(737)	平成 30 年 10 月 6 日
熊　本	762	(737)	平成 30 年 10 月 1 日
大　分	762	(737)	平成 30 年 10 月 1 日
宮　崎	762	(737)	平成 30 年 10 月 5 日
鹿児島	761	(737)	平成 30 年 10 月 1 日
沖　縄	762	(737)	平成 30 年 10 月 3 日
全国加重半均額	8/4	(848)	―

※括弧書きは、平成 29 年度地域別最低賃金
出所：厚生労働省［2018］[9]（2019.4.9 閲覧）

図表 4-4　日本における労働時間の制度変遷

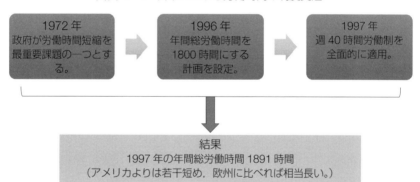

最後に長時間労働の非倫理性について検討する。

　企業は利益の追求のため、従業員に対して長時間労働をさせてきた。しかし、たとえ手当てがついたとしてもあまりに長い労働時間は従業員の自由を奪うことになり、非倫理的である。資本主義による労働時間の延長に対抗し、労働者は労働組合に結集してその短縮化を要求してきた。日本では 1972 年、政府が労働時間短縮を最重要課題の一つとしてこの問題に取り組み、1997 年に週 40 時間制が全面適用されることとなった（マティス＆ジャクソン［2008］[10]）（**図表 4-4**）。

第2節　企業の対外的な倫理問題

　経済発展に伴い、商品売買が急増した。そして、生産者と消費者との間では以前の直接交渉から流通経路内で中間的媒介をする事業者が増加し、間接交渉するケースが多くなってきた。特に、訪問販売や通信販売などの非店舗販売の比重が増すと消費者問題[11]が深刻化するようになった。例えば、最近はインターネットを通じた取引の安全性、商品の質などが問題となっている。このような消費者の生活を悪化させる問題は、企業の外部性[12]によるものである。

　また、企業の消費活動が社会に悪影響を与える可能性もある。これも企業の外部性による被害である。外部性という言葉は、しばしばマイナスなイメージで使用されたり捉えられたりすることが多いが、必ずしもそうではなくプラスに作用する外部性も存在する。ネガティブな方向へ働くことを負の外部性、ポジティブな方向へ働くことを正の外部性と呼ぶ。ここでは対外的な倫理問題を扱うため負の外部性に焦点を当てていく。

　しかし、企業の目的はあくまで利潤の追求であり、企業の利益を犠牲にしてまで社会に貢献しなくてはならないのだろうかという問題がある。仮に倫理活動を企業に強制するのであれば、それは企業の自由な経済活動を阻害しているのではないだろうか。このような企業の対外的な倫理問題は、企業が取り組むべき非常に難しい課題となっているのが現状である。

2-1. 企業と消費者間の倫理問題

　企業と消費者間の倫理問題の事例として、反社会的勢力との取引が問題となったみずほ銀行を取り上げる。

　2013年に日本の三大バンクの一つであるみずほ銀行が暴力団と融資取引を行ったことが発覚された。みずほ銀行は230件以上の反社会的勢力と融資取引を行っており、それは約2億円にも及んだ。銀行は消費者にとって不可欠な生活インフラであり、取引銀行を変えることは不便で大変なことである。

図表4-5　企業と消費者間の倫理問題

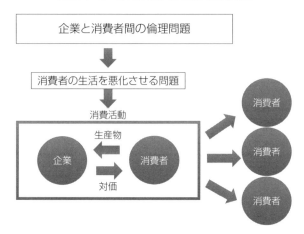

　まとめると、企業と消費者間に関する倫理問題には、さまざまなタイプがある。以前消費者倫理問題として、製品の質や安全性の問題が多かったが、現在では、製品だけではなくて、企業の倫理性や企業の社会的責任などをいかに発揮するかについての問題など、その範囲は広がっている（**図表4-5**）。

2-2.　企業と地域・環境の倫理問題

　企業の対外的な倫理問題の中で、もう一つの問題は環境問題[13]である。企業と地域・環境の倫理問題の事例として、雪印集団食中毒の事件を取り上げる。

　この事件は、第二次世界大戦後、日本国内で発生した最も大規模な食中毒事件であり、2000年6月から7月にかけて、近畿地方で発生したその事件の被害者は14780人にも及ぶ。

　その後、雪印乳業の社長である石川哲郎が引責辞任し、雪印グループの製品が全品撤去に至るなど、この事件によって雪印は信用を失い、グループ会社全体の経営も悪化し、グループの解体・再編という結果となった。また、その影響は雪印だけではなく、食品業界全体の食の安全問題に大きな影響を与えた（日本厚生省［2000］[14]）。

　まとめると、企業と地域・環境に関する倫理問題は、企業の対外的な消費活

図表４-6　企業と地域・環境の倫理問題

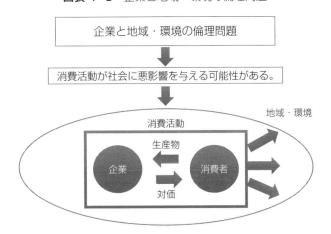

動が社会に悪影響を与える可能性を持っている。つまり、製品だけではなくて、企業の倫理性や企業の社会的責任などをいかに発揮するかについても重要となってきている（**図表４-6**）。

第３節　企業の内外的倫理問題の今後の展望

　企業は活動する上で、様々な観点から利益と社会貢献のジレンマに遭遇する。企業は利益を獲得する一方、企業は社会の一員として、様々なステークホルダーと関連しており、社会への影響も考慮すべきである。企業を運営する際に、対内的な倫理問題では、主に企業と従業員との労使関係における問題が考えられる。企業と従業員間の労使関係、経営倫理における雇用管理、賃金管理、労働管理などの問題である。

　また、対外的な倫理問題では、主に企業と消費者、地域・環境における問題が考えられる。企業の行動は投資家、消費者に大きな影響を与え、更に社会や環境に深刻な被害を与える。特に、近年は関連するステークホルダーが企業の倫理的行動に大きな関心を寄せているため、企業は自らの行動の倫理性を常に意識する必要がある。

　企業では、経営者を始めとする会社の行動に関係する一人ひとりの人間が、個々の現場において倫理性を持って判断を行うことによって経営倫理は守られている。また、経営倫理は、企業内部だけではなく、企業外部の消費者、地域・環境と関連性を持っているのである。

注

1)　対内的な倫理問題とは、企業内部における業務遂行には、労使関係が成立していることを前提として発生する倫理問題である。本来、対立的な性格を持っている。例として、管理主体の企業と管理対象の従業員の間での倫理問題である。

2)　労使関係とは、労働者個人と使用者との個別的関係だけではなく、労働組合と使用者との集団的関係もある。労働者は労働力を提供し、使用者は労働者に賃金を支払うことで一定の雇用関係を形成する同時に、労働者と使用者の間では生じた社会的関係もある。

3)　モラルハザード（moral hazard）とは、企業が利益を追求するため、規律の無視、責任感と倫理性を欠くなどの状態である。モラルハザードを防止するには、健全な行動を促すためのルールと、それを遵守する倫理性の醸成が重要である。

4)　鈴木・角野編著［2000］『経営倫理の経営学』ミネルヴァ書房。

5)　鈴木・角野編著［2000］『経営倫理の経営学』ミネルヴァ書房。

6)　生物が生命を維持すること。

7)　生物が生命を維持し、育むこと。

8)　厚生労働省東京労働局［2018］「東京都最低賃金を985円に引き上げます＝発効日は平成30年10月1日です＝」。
　［https://jsite.mhlw.go.jp/tokyo-roudoukyoku/news_topics/topics/2011/20110805001_00003.html］（参照2020年1月23日）

9)　厚生労働省（2018）「地域別最低賃金の全国一覧」
　［https://www.mhlw.go.jp/stf/seisakunitsuite/bunya/koyou_roudou/roudoukijun/minimumichiran/］（参照2020年1月23日）。

10)　マティス, ロバート・L. & ジョン・H. ジャクソン［2008］『人的資源管理論のエッセンス』中央経済社。

11)　消費者問題とは、外部性による消費者の生活を悪化させる問題であり、主に個人的消費者問題、社会的消費者問題と自然環境的消費者問題という三つの問題がある。

12)　ある主体間の取引が、取引に参加していない他の主体に与える影響。

13)　環境問題とは、外部性による消費活動が社会に悪影響を与える可能性がある問題である。主に地域・環境問題である。

14)　日本厚生省［2000］『雪印乳業食中毒事故の原因究明調査結果について（最終報告）(Report)』［https://www.mhlw.go.jp/topics/0012/tp1220-2.html］（参照2020年1月23日）

参考文献

・厚生労働省［2008］『管理監督者 – 確かめよう労働条件 – 』
　　［https://www.check-roudou.mhlw.go.jp/hanrei/shogu/kantoku.html］（参照 2020 年 1 月
　　23 日）
・厚生労働省［2018］「地域別最低賃金の全国一覧」
　　［https://www.mhlw.go.jp/stf/seisakunitsuite/bunya/koyou_roudou/roudoukijun/
　　minimumichiran/］（参照 2020 年 1 月 23 日）
・厚生労働省東京労働局［2018］「東京都最低賃金を 985 円に引き上げます＝ 発効日は平成
　　30 年 10 月 1 日です ＝」
　　［https://jsite.mhlw.go.jp/tokyo-roudoukyoku/news_topics/topics/2011/20110805001_
　　00003.html］（参照 2020 年 1 月 23 日）
・鈴木辰治・角野信夫編著［2000］『経営倫理の経営学』ミネルヴァ書房
・日本厚生省［2000］『雪印乳業食中毒事故の原因究明調査結果について（最終報告）（Report）』
　　［https://www.mhlw.go.jp/topics/0012/tp1220-2.html］（参照 2020 年 1 月 23 日）
・マティス，ロバート・L. ＆ ジョン・H. ジャクソン［2008］『人的資源管理論のエッセンス』
　　中央経済社

第5章

コーポレート・ガバナンスと内部統制

【要旨】

コーポレート・ガバナンスは株主、取締役会、取引先、顧客等、他のステークホルダーによる経営者の暴走を防ぐための統治機構である。これに対して、内部統制は、経営者が陣頭指揮を執り、社内のすべての人たちが行う統制プロセスである。内部統制は、企業内部だけで行われ、外部の人が携わらない統制プロセスであるため、必ずしも十分に機能しているといえない。そこで、内部統制の限界を超えるために、企業統治が必要とされるともいえる。しかし、内部統制と対等な関係を持つ企業統治さえあれば、内部統制の限界を簡単に超えられるのかという問いに対しては、答えはそう簡単ではないというのが現状である。

キーワード：コーポレート・ガバナンス、企業統治、内部統制、株主、ステークホルダー

第1節　コーポレート・ガバナンス[1] とは

経済、金融、経営など、様々な領域のグローバル化を背景に、全世界で通用できるコーポレート・ガバナンス（日本語は企業統治と訳される）の標準化（グローバル・スタンダード）が求められるようになった。そのため、OECD[2] をはじめ、CACG[3]、EASD[4] などの多くの国際組織はコーポレート・ガバナンスの原則を策定してきた。しかし、CACG や EASD はイギリス連邦やヨーロッパを対象にした国際組織であるため、これらのコーポレート・ガバナンスの原則はグローバル・スタンダード化を目指しているとはいえない。唯一グローバル・スタンダード志向といえるのは OECD のコーポレート・ガバナンス原則である。

　コーポレート・ガバナンスとは、株主[5]などの利害関係者によって企業が統制される仕組みであるが、ワンマン経営の下では業績悪化や不祥事に対して適切に対応しにくいと考えられ、その中で欧米で80年代から研究や制度導入が進められた。経営者の暴走などに歯止めをかけて不正行為を防ぎ、収益力を上げて企業価値を高めるための仕組みづくりや、取締役や監査役に社外の経営者や有識者を加える例が多い。

▌1-1. コーポレート・ガバナンスの定義

　OECDにおいてコーポレート・ガバナンスとは、企業を指揮して支配するシステムであると定義されている。コーポレート・ガバナンスの構造は、取締役会、経営者、株主や他のステークホルダー[6]等の多様な参加者間における権利と責任の分類を規定し、また、企業活動についての意思決定に関する規則や手続きを詳細に説明することである。一方、参加者間における権利と責任の分類について、OECDコーポレート・ガバナンス原則[7]は株主の権利、株主の公正な扱い、利害関係者の役割、情報開示と透明性、および取締役会の責任という五つの側面から規定し、また、これらの側面のそれぞれの原則と勧告を提示した。また、世界銀行元会長であるJ. Wolfensohnによってコーポレート・ガバナンスは、企業の公正さ、透明性、説明責任を促進することであると定義された。簡単にいえば、必要となればいつでもCEO[8]、COO[9]を辞めさせることができる意思決定の仕組のことである。

　OECDと世界銀行元会長J. Wolfensohnの両者は、経済グローバル化のもとに企業活動においてコーポレート・ガバナンスの不可欠さを認識したと思われる。両者の違いとしては、OECDが制度的側面からコーポレート・ガバナンスの内容を系統的に定義する一方、J. Wolfensohnが実務経験の側面から簡潔な表現で企業のコーポレート・ガバナンスを定義するところにあると考えられる。つまり、J. Wolfensohnは、機能の観点からコーポレート・ガバナンスが果たすべき役割（公正さ、透明性と説明責任の促進）を遡って定義したということである。

1-2.　コーポレート・ガバナンスの意義

　世界銀行会長のJ. Wolfensohnが強調したコーポレート・ガバナンスの意義は、企業の公正さ、透明性と説明責任を高めるところにある。また、OECDコーポレート・ガバナンス原則（1999年版）によると、コーポレート・ガバナンスの最終目的、つまり意義はグローバルな経済社会が進展する現在、限りある資本を効率的に生かすルールとして、ビジネスマン一人ひとりがコーポレート・ガバナンスを理解することにある。

　経済のグローバル化に伴って、巨大企業や多国籍企業が多く現れてきている。それ故に、企業の事業内容や組織規模は膨大なものになり、専門家でさえそれを把握するのは難しくなった。まして、弱い立場にある株主や外部関係者にはさらに難しい。このような現状の中、弱い立場にあるステークホルダーらの権利を保護し、経営陣のモラルハザード[10]を防ぐために、コーポレート・ガバナンスが必要になってくる。しかし、コーポレート・ガバナンスの役割を十分に果たさせるために、企業活動に携わる人たちやステークホルダーの一人ひとりがコーポレート・ガバナンスを理解して実践していくことが求められるだろう（**図表5-1**）。

1-3.　日米コーポレート・ガバナンスの異同

　OECDコーポレート・ガバナンス原則に対する基本的な考え方の一つとして、国、制度、商文化の違いによってコーポレート・ガバナンスのモデルも異なる点が挙げられる。異なる国のコーポレート・ガバナンスのモデルの間にはどのような相異点があるのか。これから、日米両国のコーポレート・ガバナンスのモデルを取り上げて、両者の相異点を確認する。ガバナンス機構のベースとなる法制度として、日本の会社法にもとづく株式会社の機関は、株主総会、取締役会、代表取締役会および監査役（会）である。日本企業のガバナンス機構は、法的にみると、業務執行機関（取締役会および代表取締役会）と監督ないし監査機関（監査役［会］および代表取締役を監督するという意味での取締役会）

図表 5-1 OECD コーポレート・ガバナンス原則

側面	原則
株主の権利	コーポレート・ガバナンスの骨組みは、株主の権利を保護すべきである。
株主の公正な扱い	コーポレート・ガバナンスの骨組みは、少数持株主や外国人株主を始めとするすべての株主の公正な扱いを保証するべきである。すべての株主は、その権利の侵害に対して、事実上の補償を得る機会を持つべきである。
コーポレート・ガバナンスにおける利害関係者の役割	コーポレート・ガバナンスの骨組みは、法律によって確定されている利害関係者の権利を認識し、富、仕事および財務的に協力を推進すべきである。
情報開示と透明性	コーポレート・ガバナンスの骨組みは、企業の財務状態、業績、所有およびガバナンスを含む、企業に関するすべての重要事項について、タイムリーで的確な情報開示がなされることを確実にすべきである。
取締役会の責任	コーポレート・ガバナンスの骨組みは、企業の戦略的指揮、取締役会による経営陣の効果的監視および企業と株主に対する取締役会の説明責任を確実にすべきである。

出所：平田 [2001],pp.287-291 を参照して筆者が作成。

という二元的な構造になっている（慶應義塾大学ビジネス・スクール [2009]，p.33）。

　日本企業のガバナンスは全体として内部志向的構造となっていることに特徴があると指摘されている。その構造を形成している要因としては、①日本固有の株式所有構造（事業法人と金融機関の株式保有率が高いこと、株式持ち合い関係にある企業間では、なんらかの取引関係があること）、②主力銀行の存在（従来、日本の企業社会では形骸化した取締役会や監査役会に代わって銀行が債権者として企業外部モニタリングを果たしてきたことや、その後 90 年代のバブル崩壊による不況期で銀行の影響力が低下しつつあること）、③労働組合の存在（かつての日本型経営をベースにした展開の下で従業員＝労働組合が長期にわたり企業と協調体制を維持してきたこと）が挙げられる（慶應義塾大学ビジネス・スクール [2009]，pp.34-36）。

　また、企業統治を進めるガバナンス機能を律する法制の実態は建前との間に大きなギャップがあり、そのギャップを埋めるために、90 年代に入って日本企業の法制度は改正[11]が進められた（服部 [2002]）。

　一方、アメリカ企業のガバナンス機構を想定している法制度としての会社法は、州ごとに制定されている。株主は株式会社の最高議決機関である株主総会において、基本的事項（取締役の任免、定款の変更など）に関する議決権、株主提案権、株主代表訴訟提起権、残余財産分配請求権などの権限を行使する。こうしたガバナンス機構の下で、取締役会が積極的に経営者に対する監督を行う。

　以上の文献を通じて、コーポレート・ガバナンスにおいて、日本は株主権の強化の面で、アメリカの制度を参考にしていることがわかる。一方、異なる点としては、形式上には、日本は業務執行機関と監査機関が分かれた二元的構造をとり、アメリカは、日本のような監査役会を持たないため、取締役会は経営者の業務志向を監督する一元的構造をとっていることが挙げられる。また、近年は経営の透明性を高めるために、経営者や支配的株主から影響を受けない社外取締役や株式会社の新たな組織体制としての委員会設置会社などがチェック機能を強化するものとして登場している。

第２節　内部統制[12]とは

　COSO（The Committee of Sponsoring Organizations of the Treadway Commission）[13] による内部統制の定義は、会社の取締役会、経営者、その他の従業員によって遂行される一つのプロセスであり、①業務の有効性・効率性、②財務報告の信頼性、③法令の遵守といった目的の達成に関して合理的保証を提供するために設計されるものである。

2-1.　内部統制の定義

　COSO フレームワーク[14] は内部統制のフレームワークのデファクト・スタンダードである。COSO では内部統制について、取締役会や経営者に『合理的保証』の提供を目的とするものであり、『絶対的保証』を提供するものではないとされている。「わが社は内部監査機能が充実している」または、「あらゆるマニュアルが備わっている」というように、多くの時間と労力をかけ内部統制

図表 5-2　J-SOX 法による内部統制の要求

	経営者が作成	監査法人が作成
有価証券報告書（財務報告）の適正について	確認書	監査報告書
財務報告に関わる内部統制の有効性について	内部統制報告書	内部統制監査報告書

出所：Abitus ホームページより引用（2019.2.20 閲覧）。

が十分に整備されていたとしても、リスクが完全に消え去ったわけではない。内部統制により、不祥事の発生確率を減少させることはできるが、発生を完全に防ぐことはできない。したがって、内部統制により不祥事の発生率をさらに減少させるためには、経営倫理が必要になってくるのである。

　これから、日本の会社法と J-SOX[15] は内部統制についてどのように規定しているのかについて分析する。会社法では、内部統制について、取締役会に基本方針の決定の権限を与え、事業報告の形で開示することが要求されている。しかしながら、そのためにどのような内部統制システムを構築すべきかについては一切言及していないというのが現状である。一方、J-SOX 法には、金融商品取引法の中で、企業に対し財務報告に関わる内部統制を義務づけた規定がある。具体的には、経営者側は確認書と内部統制報告書の作成が求められている。経営者側が作成したものを監査法人が監査を行い、適正であれば、監査報告書と内部統制監査報告書が出される流れとなっている。つまり、J-SOX 法は、有価証券報告書の提出・開示義務を負った企業側に、内部統制の状況を財務報告の形で求めているのである。

　COSO フレームワークに提示された内部統制の三つの目的の中の二つ[16] を、J-SOX 法はある程度達成していると思われるが、残りの一つである業務の有効性・効率性については依然として達成できていない。そのような業務の有効性・効率性を達成するため、経営倫理の強化が必要であると考えられる（**図表 5-2**）。

2-2.　内部統制の意義

　前述のように、COSO による内部統制は、会社の取締役会、経営者、その他

の従業員によって遂行される一つのプロセスであり、①業務の有効性・効率性、②財務報告の信頼性、③法令の遵守といった目的の達成に関して合理的保証を提供するために設計される。①業務の有効性・効率性について、例を挙げると、企業（管理主体）は従業員に対して公正さを欠いた行為（サービス残業）や人権・尊厳を無視した対応をとることで、従業員の働く意欲が低下し、彼らは仕事をさぼる場合があり得る。そうなると、業務の有効性・効率性を損なうことになる。したがって、業務の有効性・効率性が確保されない場合は、業績の悪化を招くという意味で、持続的発展が阻害される。また、②財務報告の信頼性について、エンロン事件やカネボウ事件など、いずれも会計上における粉飾決算などの不正行為を行うことで、両社は財務報告の質を低下させて、信頼性を失っている。このような粉飾決算は、企業の存亡に関わる致命傷となるのである。さらに、③法令を遵守しなければ、消費者の信頼性を著しく損ない、会社の信用や収益に大きなダメージを与えることになる。法令が遵守されない場合は、営業停止などの処分を受けるとともに、イメージダウンによる長期的な低迷に企業が見舞われることになる。

　①業務の有効性・効率性、②財務報告の信頼性、③法令の遵守いずれも、企業の管理者が内部のリスク統制を十分に行っていない場合、最終的には、会社の収益性、信頼性および持続的な発展に大きな悪影響を及ぼすこととなる。したがって、内部統制は、業務の有効性・効率性、財務報告の信頼性、法令の遵守という基準を達成することにより、企業の持続的発展を支えていく必要不可欠なインフラとしての役割を担っているのである（飫冨［2009］）。

第３節　日米内部統制の違い

　次に、日米内部統制の違いを述べる。先述のように、コーポレート・ガバナンスは株主、取締役会、取引先、顧客等、他のステークホルダーによる経営者の暴走を防ぐための統治機構である。これに対して、内部統制は、経営者が陣頭指揮を執り、社内のすべての人たちが行う統制プロセスである。

図表 5-3　日米内部統制の違い

　企業統治において、日本は、株式の相互持ち合いとメインバンク制という歴史的な商習慣が存在しているため、所有と経営の分離の程度が大きい。つまり、企業外部にいるステークホルダーたちは企業内部の経営に対して意見などを述べにくいという特徴がある。一方、アメリカは、株主の積極的な関与などのため、所有と経営の分離の程度が小さい。つまり、アメリカの方が企業統治のメカニズムが日本よりうまく機能しているといえる。内部統制は、企業内部だけで行われ、外部の人が携わらない統制プロセスであるため、必ずしも十分に機能しているといえない。つまり、内部統制には限界が存在するのである。**図表 5-3** に示されたメカニズムを参照してみれば、内部統制の限界を超えるために、企業統治が必要とされることがわかる。しかし、内部統制と対等な関係を持つ企業統治さえ用いれば、内部統制の限界を簡単に超えられるのかという問いに対しては、答えはそう簡単ではないというのが現状である。

まとめ

　経済、金融、経営など、様々な領域のグローバル化を背景に、全世界で通用するコーポレート・ガバナンス（日本語は企業統治と訳される）のグローバル・スタンダードが求められるようになった。そのため、OECD をはじめ、CACG、EASD などの多くの国際組織はコーポレート・ガバナンスの原則を策

定してきた。しかし、CACG や EASD はイギリス連邦やヨーロッパを対象に
した国際組織であるため、これらのコーポレート・ガバナンスの原則はグロー
バル・スタンダード化を目指しているとはいえない。また、COSO による内部
統制の定義は、会社の取締役会、経営者、その他の従業員によって遂行される
一つのプロセスであり、①業務の有効性・効率性、②財務報告の信頼性、③法
令の遵守といった目的の達成に関して合理的保証を提供するために設計される
ものである。

注

1) 　企業経営を外部から監視する体制を強化することで、企業内で発生する財務内容の虚
偽報告や会計上の不正などを防止するための仕組みである。日本語では企業統治と呼ば
れている。

2) 　OECD は Organization for Economic Co-operation and Development の略で、1999 年
5 月にコーポレートガバナンス原則を策定した。

3) 　CACG は Commonwealth Association for Corporate Governance の略で、1999 年 11
月にコーポレートガバナンス原則を策定した。

4) 　EASD は European Association of Securities Dealers の略で、2000 年 5 月にコーポレー
トガバナンス原則を策定した。

5) 　株主とは、株式会社の出資者であり構成員である社員をいう。株主は、実質的には会
社企業に対する共同所有者であるが、その持分は、会社に対する法律上の地位として表
され、細分化された割合的単位としての株式の形式をとる。

6) 　ステークホルダーとは、民間企業、学校や病院、NPO などの団体、政府や地方自治体
など、あらゆる組織の利害関係者を指す。たとえば企業は、持続的発展を目ざす必要が
あるため、株主などの投資家だけでなく、従業員、顧客、取引先、金融機関、債権者、
地域社会、自治体、政府などがステークホルダーに含まれると考えられている。

7) 　OECD コーポレート・ガバナンス原則（OECD Principles of Corporate Governance）は、
加盟各国の経験、経営諮問グループの報告書、OECD の各種委員会（金融市場委員会、
国際投資と多国籍企業委員会、産業委員会および環境政策委員会）の見解、非加盟国、
世界銀行、国際通貨基金、企業部門、投資家、労働組合等の見解を生かして出来上がっ
たものである。本原則は、1999 年 5 月の閣僚理事会において承認された（平田［2001］
p.286）。

8) 　CEO とは Chief Executive Officer の略語。

9) 　COO とは Chief Operating Officer の略語。

10) 　本来は、〈道徳的危険〉moral hazard という保険用語で、被保険者の保険加入によっ
て危険事故の発生する確率が却って増大することを指す。近年では転じて企業経営者の
経営倫理の欠如を指すことが多い。

11)　商法改正（株主権の強化、監査役監査の機能許可）［1993］、商法改正（自己株式取得の緩和）［1994］、PL 法（製造物責任法）の施行 [1995]、商法改正（ストックオプション制度の導入）［1997］、独占禁止法改正（持ち株会社の解禁）［1997］

12)　内部統制とは、企業や行政機関などにおいて、業務が適正かつ効率的に遂行されるように組織を統制するための仕組みである。内部統制は、組織内で不正・違法行為・ミスの発生を防止し、組織が有効に運営されるように、業務に関する規則・基準・プロセスを規定・運用するとともに、行っている。

13)　COSO は、五つの民間組織の共同イニシアチブであり、企業のリスク管理、内部統制および詐欺防止に関する枠組みおよび手引きの策定を通じてリーダーシップを発揮することに専心している。

14)　COSO フレームワークはアメリカ公認会計士（AICPA）、内部監査人協会（IIA）などアメリカの五つの団体によって設立されたトレッドウェイ委員会が、1992 年に発表した「Internal Control-Integrated Framework」の通称である。

15)　J-SOX とは、金融商品取引法の中で、企業に対し財務報告に関わる内部統制を義務づけた規定を指す。

16)　財務報告の信頼性確保、法令遵守。

参考文献

・Abitus 第 3 回：会社法と J-SOX（2）− J-SOX の定める内部統制−
　［https://career.abitus.co.jp/knowhow/appear3.php］（参照 2020 年 1 月 23 日）
・飯冨順久（2009）「経営倫理と内部統制システム（研究領域 弾力的な経営組織関連とテクノロジーからの競争力創成領域）」『Journal of creative management』(5)：pp.53-64
・慶應義塾大学ビジネス・スクール［2009］『日本企業のコーポレート・ガバナンス』
・服部治［2002］「経営倫理によるコーポレート・ガバナンスの形成：日本企業における企業統治の態勢分析」『金沢星稜大学論集』36(2)：pp.111-123
・平田光弘［2001］「21 世紀の企業経営におけるコーポレート・ガバナンス研究の課題―コーポレート・ガバナンス論の体系化に向けて」『東洋大学紀要経営論集』53, pp.23-40

第6章
企業理念と企業文化の構築

【要旨】

　近年、企業と社会の関係性や、企業の倫理的な経営が注目されるようになった。地球環境問題や企業活動をめぐる不祥事問題などが相次いでいることから、「企業は社会的存在である」ことを認識しなければならない時代になってきたことが背景の一つとして考えられる。従来のように、利益を目的に何らかの財やサービスを生産し、それらを必要とする者に供給するだけでは、社会に受け入れられなくなったのである。

キーワード：企業理念、企業文化、社内浸透、社外浸透

第1節　企業理念の発展背景

　企業という組織は、異なる目的を持っている個人が集まり、一つの目的に向かって行動することによって存続していく。つまり、会社で働いている社員は、自身の努力が高い評価を得ることによって収入が増えたり、地位が上がったりするだけでなく、それと同時に会社を発展させる立場にある。したがって、経営者たちは企業目標を実現させるために、全社員に会社と共に自らも成長し、働き甲斐を感じさせなければならない。そのような企業目標と社員個人の目標が両立できる環境は組織のモラルを高い水準に維持させ、組織の持続的な発展を促す。

　しかし、近年はグローバル化による経済不況の影響で、企業の不祥事が相次いで発生した。また、それは中小企業だけでなく、大手企業も様々な不祥事を

起こした。例えば、トヨタ、ソニー、アップル、中国の三鹿乳業などが挙げられる。これらの企業は消費者の安全、健康や個人情報などの利益を守る原則を破り、世間を欺いたビジネスを行ってきた。「不祥事」は決して企業トップが望んだことではない。トップにとって、自社が関連する不祥事はまるで晴天の霹靂のような不本意なものである。しかし、多くの場合それは経営トップが推進している経営方針、組織理念に起因しており、最終的には、企業は記者会見で、職員に対する監督管理の不行き届きを謝罪する結果となる。

　現代の高度情報化社会において、企業は利益を追求するため能力主義に陥ることによって、不正行為を容認する組織風土が形成され、企業理念[1]の経営戦略の革新に対する対応が遅くなる傾向がある。一方で、情報技術の発達により消費者は企業の活動に目の鞘を外しているのである。そのために、企業理念の設定と執行について、経営者だけでなく、企業全体・全員の共通認識が反映される適切な企業理念を立て、この理念を組織全体によく理解させ、経営戦略と環境の変化に応じて調整するなど柔軟な方策が求められている。

　これらの事実から、企業理念の重要性が分かる。だが、企業理念は常に経営管理論に含まれ、独立の研究テーマとして議論されることは少ない。ドラッカー（Peter Ferdinand Drucker）は「共通の目的（Common Objectives）や共通の価値観（Common Values）に向かって企業を挙げて達成せんとする約束と気構えや、そういったコミットメントがなければ、そこには企業というものはなく、あるのは群集の集まりでしかなくなる」と述べている（Drucker［1993］, 和訳頁 p.31）。また、日本とアメリカで有名な「エクセレント・カンパニー」も、「超優良企業では価値観（Shared Values）というものが非常に大切にされ、その指導者たちが組織の末端に至るまで生き生きとした活気に満ちた環境を作り出している」と指摘している（Perters and Waterman［1983］, 和訳頁 p.469）。

　企業理念が経営者に対する重要性について、足立［2004］は、企業の社会に対する「責任」を指す「CSR」が企業の根元的な理念である「企業の社会的存在意義」に関わる概念であると指摘した（足立［2004］, p.32）。企業理念は欧米だけでなく、日本、近年は中国などの学者に議論されている。企業や経営（マ

ネジメント）に対する意義、開発と浸透プロセス、実際の運用など企業理念の関連課題が関心を集めている。

　本章ではこれらの先行研究を踏まえ、企業理念の定義をまとめ、「経営理念」との相違を明確にすることによって企業理念の本質や意義を見出したい。その上で、会社にふさわしい企業理念はどのように開発され、設定されるのかという企業理念の構築プロセスを考察する。そして、経営トップから組織の末端、または社会各層まで企業理念がどのようにうまく伝達されているのか、また成功した会社はどのような企業理念を掲げているのか、という事例についても述べる。

第２節　企業理念とは

　企業は一つの組織として生まれながらに「理念」を持っている。なぜなら、企業は創業者の志のもとに誕生したものであるからである。その中で、創業者の無意識のうちに「創業理念」が形成されている。この「創業理念」が会社作りの構想段階で想定された企業の事業領域、事業規模、資金計画、組織の管理方法、社会における位置や人材育成の計画などを示す。そして、経営倫理とは、企業に一般的な倫理原則や倫理的分析を行い、一般に認められた社会価値観に基づき、企業主体の制度・政策・行動の道徳的意義に関して行われる体系的内省であり、企業は様々な倫理問題に直面する。倫理というのは、一般的に考えた場合、「こうして当たり前」なことでありながらも、当たり前の基準は人や国、企業などにより様々であり抽象的であるため、答えを定めることは困難であろう。つまり、倫理的な企業はどのような企業なのか、倫理的な経営はどのような経営なのかという問いに答えを出すことはできない。だからこそ、誰もが納得するような倫理的な価値観を基に、企業はどのように活動するのかを考えるべきであるが、倫理というものに正確な答えはない。そのため、企業の創業者の倫理観がその企業の倫理観として形成されるのが最も自然であると考えられる。

　このようにして形成された企業の倫理観は、企業理念を形成するのに非常に大きな影響を与える。企業は常に企業理念に向かっていくが、企業の倫理観がその方向を決定づけるのである。つまり、企業は社会的存在として企業理念に沿って行動すべきであるが、社会的存在として守るべきもの、やってはいけないことを区別し企業理念に対する道を示すのが企業の倫理観であり、経営倫理と企業理念は相互関係にあると考えられる。

2-1. 企業理念の定義

　企業理念の概念については各学界で多様な定義がなされている。ここでは、代表的な論説を紹介する。アメリカの代表的な論説の "Business Creed" という文章では、「経営者が他人の活動や態度に影響を及ぼすという明らかな目的を持って公表された信念の体系である」という表現が使われており、企業理念を解釈している（サットン，他［1968］，p.3）。「組織文化」分野の学者シャイン（Edgar Henry Schein）は「組織の理念に具現化されている一連の価値は、本質的にコントロール不可能な難しい事象の不確実性を取扱う際の指針なり方法として役割を果たす」と述べている（Schein［1989］，和訳頁 p.22）。また、ドイツの企業管理論の代表的な学者であるブライヒャ（Bleicher, Knut）は企業理念について、企業を社会全体に位置づけ、同時に利害関係者に対する行動の基礎となる言明であると定義している（Bleicher［1994］）。日本においても組織論や経営管理論に関する研究の中で企業理念についてよく言及している。伊丹・加護野［1989］は、「組織の理念的目的（この企業は何のために存在するのか）にせよ、経営と行動の規範にせよ、経営理念が提供しているものは結局、組織の価値観である。つまり、それは人々がその組織で暮らし仕事をしていく際に持つ価値観である」と述べている（伊丹・加護野［1989］，p.303）。「企業理念」という用語がまだ普遍化していないため、これまでの多くの研究は「経営理念」を対象とし、「企業理念」を扱う論説は少ない。そこで、ここでは、「企業理念」の定義を見直したい。

　まず、辞書によると理念とは「(1) ある物事についての、こうあるべきだと

いう根本の考え。(2) 哲学で、純粋に理性によって立てられる超経験的な最高の理想的概念。」であるとされている。理念という文字を分けてみると、「理」とは、筋、ことわりであり、「念」とは、心中深く思うことである。つまり、「企業理念」とは、企業はこうあるべきだとすることわりであると定義することができる。

　企業においても個人においても、理念を表す言葉は多様に存在する。創業理念、企業理念、社是・社訓、信条、行動規範、ビジョンなどがその例である。これらは、抽象的か具体的か、また個人としてのものか、企業としてのものかによって分類される。このうち、組織のものとしては企業理念、社是・社訓があるが、社是とは、会社や結社の経営方針・主張であり、社訓とはその会社で、社員が守るべき基本的な指針として定めたものである。また、信条とは、自分の行動の指針としてかたく信じて守っているもの、信仰の箇条である。一言で言うと、社是とは、会社で正しいとされること、社訓は、会社での教えであり、信条は誠、道理である。このことからそれらは企業理念とは区別することができるだろう。

　企業はそれぞれの使命（社会的存在意義）のもとに創立される。その使命を達成するために、企業経営が行われ、またそれを具体化して事業領域、事業内容は定められることになる。そして、その使命を達成させるために、企業の活動する組織風土が形成される。この企業を成り立たせているそれぞれの要素を、整合性を持って統合し、そのあり方を明示するものが企業理念である（足立[2004]）。つまり、企業は何をするか、目標を達成するために組織全体はどのような意志を持ってどのように行動すべきかを決定するのが企業理念であるといえる[2]。理論的には、企業理念とは企業が活動をしていく基準となる基本的な価値観である。基本的な価値観とは、企業活動の意思決定や行動環節においてよい悪い、望ましい望ましくない、そうあるべきだ、そうあるべきではない、などを判断できる基準（価値観）という意味である。そのため、企業理念は企業使命、経営方針と事業領域、組織風土・文化に言及すべきである。

図表6-1　企業理念の必要性

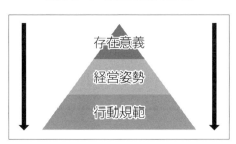

2-2. 企業理念と経営倫理の関係

　ここまで企業理念の概念と必要性について述べてきた。では、この企業理念が経営倫理とどのような関係にあるのか。それは、企業理念があることにより、企業の行動の際の方針が明らかになるというものである。つまり、企業理念は企業の価値観と一致するものであるといえる。そのため、企業理念は企業の倫理観に大きな影響を与えることになる。また、企業は企業理念に向かっていくが、企業の倫理観がその方向性を大きく決定づけることとなる。このように、経営倫理において、企業理念は非常に重要な意味をもつ。

2-3. 企業理念の必要性

　前述のように、企業理念は企業の基本的な価値観として機能している。そして、現在の経営者の想いだけでなく、創業以来の歴代の経営者の経営思想を踏まえ、企業独自の価値観や文化を形成し、組織内に潜在している価値観により、全社員に企業理念をスムーズに受け入れさせる機能を果たしているともいえる。このように、企業理念は上位概念である企業の理想から、組織の行動基準などの下位概念に至るまでの「階層構造」を持っている。

　なぜ企業理念は必要であるのか。もし、会社に企業理念がなければ、社員は何のために会社で働いているのかが分からなくなるだろう。そして、会社としての方向性や行動判断の基準とすべきなのかも分からなくなる。これらは、会

社に存在意義、将来性、夢、判断基準の欠如を招き、経営活動を持続的に行っていく上での障害となる。また、人材と企業理念の関係を考えてみると、企業理念を持つ組織と持たない組織では、明らかに組織の方向性についての統一感は異なることになるだろう（**図表６-１**）。

第３節　企業理念の構築

　前述では企業理念の定義と意義を考察した。では、企業発展を導き出せるふさわしい企業理念を定立するにはどの問題点に注意すべきか。また、企業理念を立てるプロセスはどのようになるのか。それらの問いに対して本節は企業理念の構築プロセスについて説明することで、答えていきたい。

3-1.　構成要素

　先に述べたように、企業理念の基本構造は三つの階層があり（**図表６-１**）、企業は「存在意義」、「経営姿勢」、「行動規範」をもって構成されるべきである。しかし実際には、会社の事情によって、必ずしもこの三層構造で構成されるわけではない。実際の例を見ると、「事業領域」と「行動指針」を包括している方が多い。企業理念は、企業使命（Commitment, Mission：企業の目的、社会的存在意義）、活動領域（Domain：事業領域）、価値基準（Value：経営上の価値基準）、活動基準（Policy：行動基準、社員の心構え）のすべてを包括している。以下のOLC 株式会社と三洋電機株式会社の企業理念はその典型的な例である（竹内[1990]）。

　この二社の例を用いて企業理念の構造を説明する。まず、企業の奉仕する対象（つまり企業が社会一般、地域社会、顧客、株主、取引先、社員、環境の何に役立てるのか）を表明し、その方法（つまりどのような事業領域においてどのような事業に携わるのか）を提示し、企業の信念・信条（どのような貢献をするのか）を明記する「存在意義」は第一階層として企業の使命、あるいはミッションを示す。オリエンタルランドは「自由でみずみずしい発想」を通じて「すばらし

図表 6-2　オリエンタルランド株式会社　企業理念

オリエンタルランド（OLC）株式会社
企業使命
　　　自由でみずみずしい発想を原動力に　すばらしい夢と感動　人としての喜び
　　そしてやすらぎを提供します
経営姿勢
　　① 対話する経営
　　② 独創的で質の高い価値の提供
　　③ 個性の尊重とやる気の支援
　　④ 経営のたゆまぬ革新と進化
　　⑤ 利益ある成長と貢献
　　⑥ 調和と共生
行動指針
　　探求と開拓
　　自律と挑戦
　　情熱と実行

図表 6-3　三洋電機株式会社　企業理念

三洋電機株式会社（2011年、パナソニックにより買収）
経営理念
　　私たちは世界のひとびとになくてはならない存在でありたい
事業領域
　　新しい文化と技術を創造する事業
　　健康で豊かな文化を創造する商品・システム
　　社会の進歩に役立つ独創的な技術・ノウハウ
　　人間性を重視した心にふれるサービス
行動基準
　　世界に誇りうる仕事
　　品位のある仕事をする（品位）
　　お客様の満足を先取りする（顧客主義）
　　時代を独自に切り開く（独創性）
　　自由闊達な職場をつくる（相互信頼）
　　経営効率を高め利益を公平に分配する（社会貢献）

い夢と感動」を提供するという使命を持っており、三洋電機は「新しい文化と技術を創造する事業」で「世界のひとびとになくてはならない存在」になるという目標のもとに成長してきた。

　第二段階の経営姿勢については、企業の内外環境を考えた上でその運営管理の方法を表明する。掲示された企業理念によって、オリエンタルランドは対話形式で独創的かつ質の高い価値を提供し、個性を尊重し、やる気を促し、調和と共生を達成させると同時に、利益ある成長と貢献を実現できるような革新的な経営管理を行っているのが分かる。また、最後の階層「行動指針・行動基準」には、社員一人ひとりのあり方、職場のあり方、さらには組織風土のあり方を規定する活動規範と、社員の行動のあり方や基準を指示する行動方針が明記されている。つまり、オリエンタルランドは社員に「探求と開拓、自律と挑戦、情熱と実行」の精神で行動していくことを要求している（**図表6-2**）。一方、三洋電機は「世界に誇りうる仕事」という基準で社員が品位を持って相互の信頼を確立し、利益と公平を両立させ、顧客を満足させる独創的な仕事をすることを明記した（**図表6-3**）。

　企業理念はこのように、企業の「存在意義」つまり企業の使命（ミッション）と、「経営姿勢・経営方針」つまりビジョンと、「行動規範・行動基準」つまり組織全体の持つべき基本的な価値観（バリュー）という三つの大きな要素によって構成される。経営者はこの構造に基づいて経営信条、企業実態、企業全体に共感される共有性と独創性を考慮しながら、企業理念を構築するのである。

3-2.　構築プロセス

　まず、企業の自発性によって企業理念の構築の流れは三つのレベルに分けられる。企業が高い自発性を持って、専門機構の手を借りずに経営者の指導の下で社員たちの知恵を集め、理念を開発するのがレベル1。しかしこのレベルには、開発プロジェクトを完全に社員に委託するため、企業理念への理解と開発経験の不足や自分なりの主観的な思いが強くなることなどの欠点がある。レベル2は、開発企画を全面的に専門会社に委託することである。専門会社は経営者の考えと意見を聞きながら企業について現状分析と調査を行ってから、企業理念をまとめる方法である。この方法も、社員の意識を正確に把握するのは難しいという問題が潜んでいる。そして、最も多くの会社に採用されているレベ

図表 6-4　企業理念構築プロセスの三つのレベル

レベル	立場	信頼性	妥当性	能率性
1. 社内構築	主観的	高い	低い	低い
2. 専門機構に委託	客観的	低い	高い	高い
3. 社内構築をベースに専門家が参加	主観的	高い	高い	高い

出所：筆者作成。

ル3は、社員開発をベースに専門機構の支援を基に推進する方法である。レベル3では、経営者と社員の主体性を確保しながら、開発プロセスの能率性も実現できる。**図表6-4**は企業理念の構築プロセスの三つのレベルの優劣を示している。

　企業理念の開発方法を選定した後の開発の具体的な流れは以下のようになっている。まず、開発プロセスを開始する前に、全社員に「企業理念とは何か」について共通の認識を持たせるように適当な説明や交流をする必要がある。また、それを前提としてアンケート調査とインタビューを実施し、組織メンバーの企業目標、経営信条、企業に対する期待、組織文化などに関する意識を聞き取り、社員意識の現状を把握する。調査分析の結果から重要なキーワードを抽出し、それを中心に企業理念のデザインを考える。そして、次に理念の表現を検討、決定する。企業理念の構造を基づいてその表現タイプ、つまり文章を短文にするか、主文・副文の形にするかなど理念文の表現形式を決める。そして最後は、企業理念の最終案の推敲に向けて草案を絞り、精緻化する。その後、役員会に最終案を報告し、同意を得れば正式に企業理念を発表する。

3-3. 構築プロセスにおける共通価値の創出

　このような流れで企業理念が定められる。そこでは、企業の「基本的な価値観」を反映した企業理念を作るために、経営者と従業員の意識統合が求められる。つまり、経営者の信念を社員にうまく伝達し、理解されると同時に、経営者は社員の企業に対する期待、企業活動を通じての自己価値の実現に関する考えをよく知らなくてはいけない。そのような経営者から社員全体までの意識の

融合ができれば、共通する価値観を見出し、創出することが容易になる。そして、共通価値観が理解できることによって企業の発展に役立つ企業理念を構築することができる。

第４節　企業理念と企業文化

4-1.　企業文化[3]とは

　企業理念というのは、前述したように、企業はこうあるべきだという理である。つまり、企業理念とは、企業の行動指針を定めたものである。そのため、社員への企業理念の浸透が最も重要なのである。企業理念を持たない組織における社員は、各自がどこに向かって何のために働いているのかが分からず、組織に対するコミットメントやモチベーションが低下する可能性が高い。だからこそ、企業理念は最も基本的でありながらも最も重要なのである。それでは、企業理念と密接な関係にある企業理念が企業文化とはどのように関係しているのか。それについて、まず、企業文化について分析する。

　企業文化は1980年代から世界的に関心が高まり、1985年は企業文化元年と呼ばれ、それ以降企業文化が経営課題として捉えられるようになった（根本[2004]、p.29）。本節では、観念文化、制度文化、行動文化を「形のない企業文化」とし、視聴覚文化を「形のある企業文化」とする。そう考えた場合、前者は、企業の中で抽象的に共有され、共感し、行動の指針となるものであり、後者は企業文化を形にし、企業の外に発信するためのものであり、それらの二つが両立してはじめて、企業の「色」が決まる。そこで、本節では、「企業文化」を「企業の色」と広い意味で理解し、展開していくこととする。

4-2.　企業理念と企業文化および戦略の関係

　企業理念は、企業の存在意義（企業のあるべき姿）を明確にしたものであると説明してきた。企業理念は、組織の全員に浸透されるべきものであり、彼ら

図表6-5　企業理念と企業文化および戦略の関係

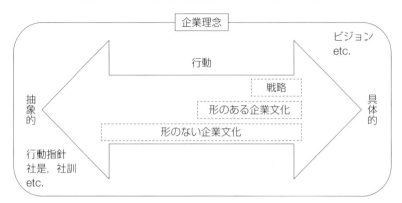

出所：筆者作成。

は企業理念に基づいて思考し行動する。このようなプロセスの中で、「企業文化」が形成されると考えられる。この企業文化は、企業理念に基づいた企業の行動により、組織の中で形成されるのが「形のない企業文化」であり、組織の中で形成され、形として外にも発信されるのが「形のある企業文化」であると考える。つまり、企業理念は、企業が何らかの意思決定や行動を起こす際の根拠や大義名分となる。これらに基づいた「行動」を通して組織の内外において「企業文化」が形成されるのである（吉森［2008］）。

図表6-5は、企業理念と企業文化および戦略の関係に対する筆者の考えを表したものである。企業理念は、企業行動のベースでもありながら向かうべきゴールでもある。企業の倫理観を基礎とした企業理念に、向かっていくための行動の産出物として、企業文化が形成される。ここでは、目的達成のためにはどのように行動すればよいのかを具体的に考え、実行するのが戦略であると考える。

　次節では、経営者の交代により、グローバル化などを背景に、創業者の企業理念と企業文化、戦略を変え、組織イノベーションを起こした、李健熙会長のサムスンの新経営を事例に挙げ、その成果について述べていく。

第5節　企業理念の社内外への浸透

　また、開発された企業理念を社内外へ発信し、企業の基本的な価値観を宣伝すべきである。企業理念の導入には、高いマネジメント能力が必要である。では、どのように企業内外にうまく浸透させていくべきなのか。

5-1.　社内浸透[4]

　最初は、企業トップから組織内部に企業理念が発表される。これは企業理念が経営者の信念であり、組織の「求心力の核」であるからである。そして、それは組織の上層から下層へ向かい、企業理念への正しい理解と実践を順次に伝達されるべきである。

　続いて、社内のパンフレット、ポスターなどのメディアツールを用い、社員に企業理念を反復朗読させることによって、社員が無意識的に企業理念を受容していく。また、日常の仕事において企業理念は社員自身の行動と結びつけていることを社員たちに認識させることで、企業理念に対する共通理解を達成する。

　最後は企業理念の行動方針に沿って全員の行動を評価・検討する。これは企業理念の「実践」と呼び、社員は主体性を持ちながら、自身の行動にある問題点を発見・改善することで企業理念をうまく貫いていく。

　まとめると、企業理念は経営トップにより発表され、組織の上層から下層へ順次に伝達され、社内のメディアツールによって社員に浸透し、行動評価で全社の理解を深化させる流れで社内の上位層から末端まで定着していく。このような中で、経営者の高いマネジメント能力が必要になっている（松村編著[2006]）。

5-2.　社外浸透[5]

　社内への浸透とは異なり、企業理念の社外への伝達は単純である。企業の信

念、事業内容、経営方針と社会貢献を会社以外の人たちに知らせる手段は主にマスコミに依存している。新聞・雑誌、テレビ、インターネットなどのメディアによって、企業理念を社会に発信する。例えば、企業パンフレットに企業理念を記載し、自社商品のテレビ広告などに洗練された「スローガン」を書き入れ、ホームページに文章、あるいは図画、ビデオの形で掲示する手法が効果的である（松村編著［2006]）。

しかし、企業理念の浸透については、Schein が指摘した通り、「企業理念はその社会で受容される価値と一致する場合に効果的だが、一致しない場合は効果的でない」（Schein［1989]，訳書 p.400）。そして、この問題は特に企業理念のグローバル適用において潜在している。

まとめ

企業の経営を考えるにあたって、企業が最初に考えるべきことは、「自社は社会的存在としてどうあるべきか」であろう。「どうあるべきか」は、企業の倫理観により「企業理念」として表される。企業理念を社員一人ひとりに浸透させることは最も重要なことであり、「どうあるべきか」を基に「なぜそうあるべきか」を考えることで「企業文化」を形成する。これらは企業が「どこにどうやって向かっていくべきか」という「戦略」を考える上で、最も重要なことである。つまり、企業の倫理観により形成された経営理念は、企業文化を形成し、それらを基に戦略を考えなければならず、経営倫理、企業理念、企業文化、戦略は相互関係にあると考えられるのである。

注
1) 　組織が目指すべき方向を示す指針となり、組織の存在意義や使命といった価値観を表す言葉である。この経営理念は、別の言い方で「クレド」や「フィロソフィ」とも呼ばれることがある。
2) 　足立［2004］は、トップの経営信条を表しているか、組織の全員での共有を表しているかにより言葉を使い分けており、前者を「経営理念」、後者を「企業理念」と表現している。しかし筆者は、トップの交代などによる企業変革がない以上、創業者の理想や価値観に基づいた理念を守るのが現実的であり、その理念というのは組織の全員に浸透

されねばならないことを考えると、経営理念と企業理念の「どちらか」ではなく、「両方」の意味を持つ言葉を使用する方が望ましいと考える。そこで、本章では、両方の意味を持つ言葉として「企業理念」という言葉を使用することとする。その理由としては、言葉の響きとして「理念」の前に「経営」が付くとある一社の経営の理念というイメージが強いことと「企業」を社会的存在として捉え、企業理念という言葉として使用する方が本章の目的にふさわしいと考えるからである（ただし、サムスンの事例を挙げる際には、一社の事例なので、「経営理念」とする）。

3)　　企業文化とは、企業あるいは組織の構成員の間で意識的または無意識に共有されている思考や行動の様式。企業組織は創立時から様々な成功や失敗の経験を積重ねていくが，その過程で文化が形成され，新規の構成員に対してもそれが正しいものとして明示的にまたは暗黙のうちに伝達される。

4)　　社内浸透とは、思想・風潮・雰囲気などがしだいに会社内の広い範囲に行きわたることである。

5)　　社外浸透とは、思想・風潮・雰囲気などがしだいに会社内部以外の広い範囲に行きわたることである。

参考文献

- Bleicher, Knut [1994] *Normatives Management: Politik, Verfassung und Philosophie des Unternehmens*, (St. Galler Management-Konzept) Gebundenes Buch–13
- Drucker, P. F. [1989] *Management and the Workd's Work*, Harvard Business Review（小林薫訳「マネジメント 21 世紀への挑戦」『DHB』所収，ダイヤモンド社，1993 年）
- Perters, T. J. and R. H. Waterman [1981] *In Search of Excellence*, Harper & Raw（大前研一訳『エクセンレント・カンパニー』講談社，1983 年）
- Schein, Edgar H. [1985] *Organization Culture and Leadership*, John Wiley & Sons（清水紀彦・浜田幸雄訳『組織文化とリーダーシップ』ダイヤモンド社，1989 年）
- 足立光正 [2004]『「企業理念」開発プロジェクト―意識改革を実現する 7 つのステップ』ダイヤモンド社
- 伊丹敬之・加護野忠男 [1989]「ゼミナール・経営学入門」日本経済新聞社
- 郭智雄 [2007]「企業の成長・発展と組織イノベーション―三星（サムスン）の人材戦略と組織イノベーションを中心に」商経論叢 48(1)：pp.155-182
- 洪夏祥 [2003]『サムスン経営を築いた男　李健熙伝』日本経済新聞社
- サットン・ハリス・ケイスン・トービン著・高田馨監修・高田馨・長浜穆良訳 [1968]『アメリカの経営理念』日本生産性本部
- 社会経済生産性本部編 [2004]『社是社訓　第 4 版』生産性出版
- 竹内昭夫 [1990]「企業理念の概念と実用に関する日米比較」『奈良県立商科大学「研究季報」』1（開学記念号）：pp.43-54
- 根本孝ほか [2004]『テキスト企業文化』泉文堂
- 平池久義 [2011]「サムスン（三星）電子とイノベーション（下）」『下関市立大学論集』

　下関市立大学学会編 55(2)：pp.1-12
・松村洋平編著［2006］『マネジメント基本全集 10　企業文化（コーポレートカルチャー）
　　経営理念と CSR』学文社
・吉森賢［2008］『企業戦略と企業文化』放送大学教育振興会

第7章

経営倫理と企業の社会的責任（CSR）

【要旨】

現在、企業を取り巻く環境が大きく変化しつつある。その変化の一つとして、CSR（Corporate Social Responsibility）に対する世界的な関心の高まりが挙げられる。本章では、まず CSR の背景および各国の CSR に対する定義を紹介する。次に、CSR と経営倫理の関係を分析する上で、欧州、アメリカと日中韓における CSR 理念および特徴の比較分析を行う。そして、新しいグローバル環境の背景を持つ CSR 経営の流れを分析する。最後に、企業と社会の関係はどのように変化しているのか、各国の国情に基づく企業の CSR マネジメントのあり方を問う。

キーワード：CSR、SRI 投資、法令遵守、CSR 規格

第 1 節　CSR の背景

18 世紀末の産業革命以後、主要な先進国において資本主義経済が確立し、以前と比べれば格段に豊かな生活が築き上げられてきた。しかし、そのような先進国の豊かな生活には、発展途上国の膨大な犠牲が伴ってきたといっても過言ではないだろう。先進国側が経済拡大に没頭しすぎるあまり、森林の破壊や河川の汚染、地球温暖化などの環境問題が深刻化し続けている。また、安価な労働力を求めて児童労働のような人権問題を起こしてきたことも紛れもない事実である。このような深刻な問題に対して世界は「持続可能な発展」を求めており、企業の反社会的行動に対する責任を求める動きが、企業に CSR を求めるようになった背景だといえる。また、企業を取り巻くステークホルダーが多

様化し、それによる企業への監視が高まっていることも、CSR が求められる
ようになった背景の一つである。特に、社会の成熟化に伴って、市民が企業の
行動に強い関心を持つようになった。そして、NGO や NPO という民間団体
の活動が活発化しており、社会問題に対して企業も責任を持つべきことを強く
求めるようになった。

第2節　CSR とは

Corporate Social Responsibility（CSR）は、日本語で「企業の社会的責任」
と直訳されて使われている。しかし、国際的な背景の違いから Social Responsi-
bility（SR）や Corporate Citizenship（CC）、Sustainability はいずれも CSR を
表わす言葉であるが、微妙にニュアンスが異なる。

2-1. 欧州の定義

欧州では古くから宗教色が強く、その考えに基づいて企業にも倫理的な行動
が求められてきた。CSR の基盤も古くから存在しており、世界の CSR の潮流
を牽引してきた。欧州において CSR は一般的に「社会の一員としての企業が、
企業活動の存続に必要不可欠な社会の持続的な発展と自然資源の持続的な利用
について必要なコストを払い、未来に対して責任を負う」と定義されている[1]
（海外事業活動関連協議会（CBCC）［2004］）。また、欧州委員会ホワイトペーパー
では「責任ある行動が持続可能なビジネスの成功につながるという認識を企業
が持ち、社会や環境に関する問題意識を、その事業活動やステークホルダーと
の関係の中に、自主的に取り入れていくための概念」であると定義している。

2-2. アメリカの定義

アメリカにおける普遍的な CSR に対する認識とは、「企業が法令遵守にとど
まらず、市民・地域および社会を利するような形で、経済・環境・社会問題に
おいてバランスの取れたアプローチを行うこと」である（海外事業活動関連協

議会（CBCC）[2004]）。そして、米民間団体の「Business for Social Responsibility」では CSR とは、「社会が企業に対して抱く法的、倫理的、商業的もしくはその他の期待に対して照準をあわせ、すべての鍵となるステークホルダーの要求に対してバランスよく意思決定することを意味する」と定義している。

2-3.　日本の定義

　日本の経済産業省によると CSR の定義は「法令遵守、消費者保護、環境保護、労働、人権遵守、地域貢献など純粋的に財務的な活動以外の分野において、企業が持続的な発展を目的として行う自主的取り組み」と解されている。

　このように、世界各国の CSR の定義を見ると、概念が統一されているとは言い難く、具体的内容や政府の対応は、各地域の歴史・文化・経済的背景により異なる。なぜならば、CSR の「社会的」基準には、欧米の宗教観や社会的価値観が含まれており、地域や国、歴史や文化、宗教あるいは社会経済状況によって、その社会が求めるもの（価値観、倫理観、社会正義）は異なるからである。ただ、CSR は、企業が利益を追求するだけでなく、組織活動が社会へ与える影響に責任をもち、あらゆるステークホルダー（消費者、投資家等、および社会全体）からの要求に対して適切な意思決定をすることを一般的な定義としている。本章では、CSR を「企業活動のプロセスに社会的公正性や倫理性、環境や人権への配慮を組み込み、ステークホルダーに対してアカウンタビリティを果たしていくこと」と定義し、議論を進めていく。

第3節　経営倫理と CSR の関係

　経営倫理とは、企業に一般的な倫理原則や倫理的分析を適用し、一般に認められた社会価値観に基づき、企業主体の制度・政策・行動の道徳的意義に関して行われる体系的内省である。簡単に言えば、企業が各営業活動を行う上で大切な守るべきルールおよび規範ともいえる。法令遵守またコンプライアンスと似ている。しかし、経営倫理は、法令遵守の内容だけでなく、仕事の環境また

は道徳的な思考方式、法律で決められている規則以外の決まりも含まれている。

　CSR すなわち、企業の社会的責任とは、先述のように日本の経済産業省によると「法令遵守、消費者保護、環境保護、労働、人権遵守、地域貢献など純粋的に財務的な活動以外の分野において、企業が持続的な発展を目的として行う自主的取り組み」と定義されている。CSR の概念では、企業は社会の持続的な発展を実現するために、利益追求だけでなく、基本的な法令遵守から、地球環境の保護、社会発展の貢献まで、様々な領域で取り組みをしている。

　前述した経営倫理と CSR の定義を分析する上で、両者の関係が分かれる。企業における法令遵守は、企業として最低限守るべきルールである。そして、法令を除いて、企業の各営業活動を順調に進めるための遵守すべき規範が経営倫理と呼ばれている。さらに、社会また地球が持続できるための取り組みが CSR の内容となる。経営倫理を細かく分析するためには、CSR の概念および特徴を明らかにしなければならない[2]。

第4節　欧州、アメリカにおける CSR の特徴

4-1. 欧州における CSR の特徴

　欧州においては、CSR は法律や契約に置き換わるものでも、法律および契約を避けるためのものでもない。社会面および環境面の考慮を自主的に業務に統合することである。よって、CSR は法的要請や契約上の義務を上回るものとして位置づけられている。2004 年 6 月にマルチステークホルダー[3] フォーラムが開催され、CSR 勧告が採択された。マルチステークホルダーフォーラムとは、地球規模での持続可能な発展を目指し、欧州委員会が実業界、労働組合、市民団体等々のステークホルダーと成り得るすべての人々を対象として CSR の積極的展開とソーシャルダイアログの実現のため開催するものである。このフォーラムで、「経済成長、競争力や社会正義が相互に補強し合う社会の実現、EU 諸国が世界で最も包括的で競争力のある社会を実現すること」を目

指し、CSR を通じて達成することが宣言された。

　EU 諸国の中で、特に CSR 活動に熱心なのがイギリスである。イギリスでは CSR 担当大臣が置かれており、超党派の議員連盟も存在している。さらに、CSR 専任機関を貿易産業省内に持ち、法律の面からも企業の社会的責任について明確に規定されている。イギリスは現在の世界における CSR を牽引する国の一つである。また、フランスでは、上場企業の年次報告に、環境・社会問題への対応に関する情報開示が義務づけられている[4]。

4-2. アメリカにおける CSR 特徴

　アメリカにおける CSR の一つの大きな特徴とは、個人の社会的関心を投資の意思決定に結びつける社会的責任投資（SRI）[5] の展開である。SRI 投資のための社会的なスクリーン指標からは、人道主義的な人権運動や 60 年代のベトナム反戦など学生運動をバックに発達した市民の意識の高まりや公正を追求する倫理観がアメリカの CSR の源流となっている。70 年代の消費者運動[6]、80 年代の環境問題、反アパルトヘイト運動など、「社会的、環境的に問題のある企業には投資しない」という企業の社会的責任を投資行為に反映させる仕組みが一般化して CSR へと結びついた。2004 年アメリカの SRI ファンド残高は約 230 〜 240 兆円に達し、全米のファンド総額の約 1 割を占めた。SRI 拡大の中で、SRI の評価を獲得しようとする企業の考え方も CSR 普及を後押ししている。また、アメリカ企業においては、企業が株主のものであるとする考え方が徹底されており、一般の市民でもある多くの株主への説明責任という観点から、企業の CSR への理解、認識は歴史的に深い。しかしながら、ワールドコム、エンロンの事件にみられるように、しばしば企業の社会的責任についての考え方は企業収益と企業価値の向上（株式総額の向上）への指向によって歪められてしまうことも多い[7]。

　以上のように、アメリカの CSR は政府主導というよりも民間主導でなされているといえる。以上をまとめると欧州とアメリカの CSR の比較ができる（**図表 7-1**）。

図表 7-1　欧州とアメリカの CSR の比較

	アメリカ型の制度	欧州型の制度
思想	個人主義・自由主義	集団主義・連帯主義
政治	政府の権限：弱 政府の経済活動への関与：弱 企業の裁量を尊重する政策	政府の権限：強 政府の経済活動への関与：強 企業に義務を課す政策
経済	経済活動の自由を重視 企業は株式市場から資金を調達	経済活動の協調を重視 企業は銀行を中心とする機関投資家から資金を調達
人材育成	企業主導の人材育成と労働市場	国家主導の人材育成と労働市場
文化	富める者はその富を社会に還元すべきという倫理観に根ざした文化	政党、労働組合、経営者団体など利益代表団体への信頼に根ざした文化

	顕在的 CSR	潜在的 CSR
内容	社会的利益を実現するという責任感に基づいた企業活動	社会的利益を実現するために諸制度の中で企業に与えられた役割の実行
表わし方	CSR 活動を明確して、意識的に実施される 企業の自発的な方針、戦略の中に組み込まれる	必ずしも CSR 活動と意識して明示的に行われるものではない 企業に対する法的規律などの形で具体化される
動機・要因	ステークホルダーの期待や要望	社会を構成する主要な組織は一定の役割を果たすべきであるという社会的合意

出所[8]：金子［2012］pp.56, 57, 213-243 より筆者が整理。

第 5 節　日中韓における CSR の特徴

5-1.　日本における CSR の特徴

　日本企業の CSR においては、環境問題について以前から強い関心を寄せられていた。その背景として 1960 年代より公害病が多発したことが挙げられる。また 1970 年にはロッキード事件、1980 年にはリクルート事件、2000 〜 2002 年にかけては集団食中毒事件、自動車リコール問題等多くの企業の不祥事が発生した。このような経緯から、欧州やアメリカでは法令遵守は社会的責任の一部ではなく独立した問題として扱われているのに対し、日本企業の CSR 報告書においては法令遵守について重点的に載せられている傾向にある[9]。

　日本での CSR に対する認識とは、従来、近江商人の「三方よし」の思想や渋沢栄一などの思想に見られるように、決して新しいものではない。しかし、2003 年以後、日本における CSR の議論について進んだ部分は、グローバルな潮流の影響による受け身的なものであり、今後は企業と社会の自発的・主体的な取り組みが求められる。今後は経営者の責任のみならず、社会の人々が、企業の製品がいかなるプロセスで作られてきたのか、企業活動をチェックすることが可能になる。つまり公表された社会のネットワーク・システムに転換している[10]。

5-2.　中国における CSR の特徴

　今日、アジアにおいて経済的に最も注目され、急速な成長を遂げている中国でも、近年、CSR がかなり進展してきた。これまでは社会貢献には寄付する程度で、企業活動情報（特に国有企業）の不透明性が目立ち、環境基準を守るより罰金を払った方がいいという企業が多く存在していた。しかし、2005 年になって政府は方針を変更し（2005 年 6 月、中国初の CSR 規格である CSC9000T がつくられた）、また、中国の輸出企業は国際市場からの圧力を受けて、徐々に

CSR に対する理解を深めていった。今後、多くの中国企業が CSR 理念と行動
を取り入れるように努力することが予測される。

　中国で CSR を推進するためには政府とのパートナーシップが重要であるこ

図表 7-2　中国国家電網公司の CSR 報告書の「構成」と「CSR 概念図」

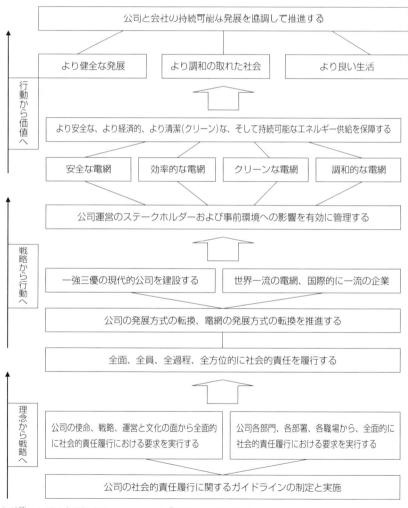

出所[12]：中国国家電網公司ホームページ『CSR ガイドライン』。

とは重要な特徴である。中国では他の国々のような企業の提携相手となる
NGO[11] がほどんど存在しない。これから中国の CSR 基準の形成が世界から注
目されるだろう。中国企業の取り組みは、まだ手探りで模索している段階であ
る。しかし、政府・経済団体や企業の取り組みには勢いが感じられ、今後、中
国において CSR がますます重視されるだろう。

　一つの事例として、中国国家電網公司（国営企業）の CSR 報告書を挙げたい。
この報告書は「商道縦横 2007 および 2008」、「CSR 発展指数報告」がともに
CSR 報告の模範例として言及し、国務院総理の温家宝自ら「人間本位、和諧
社会の理念を企業の社会的責任観に取り入れている」と評価したものである。
中国国家電網公司の CSR 報告書の「構成」と「CSR 概念図」は左図のとおり
である。2006 年度中国国家電網 CSR 報告書の構成内容は主に、1. 科学的発展、
2. 電力の安定供給、3. 卓越した管理、4. 高品質のサービス提供、5. 提携戦略
による Win-Win な関係の構築、6.「三農（農村、農業、農民）」へのサービス提供、
7. イノベーション、8. 従業員の育成、9. 資源節約・環境保護、10.　グローバ
ル展開、11.　ステークホルダーとのコミュニケーション、12.　企業市民などで
ある[13]（**図表 7-2**）。

5-3. 韓国における CSR の特徴

　韓国社会において CSR についての認識が高まったのは民主化運動が活発に
行われていた 1980 年代後半からである。その後、金融危機が起こった 90 年代
から本格的に台頭して来た。韓国で行われている CSR 活動は、企業に対する
批判・不信への対策として財閥企業を中心となっており、とりわけ寄付活動や
ボランティア活動として認識されている。

　韓国企業に CSR 経営が経営常識として定着するまでは、まだ時間がかかる
と思われる。財閥、政治界、学界、地域社会といった様々な社会階層の CSR
に対する認識の不完全性が挙げられ、長期間積み重ねてきた韓国特有の企業文
化を短期間で変化させることも困難である[14]。

図表 7-3　各フレームワークの利用割合

	GRI*	UNGC	ISO26000	OECD ガイドライン
日本	14.3%	72.2%	71.4%	26.7%
アメリカ	49.3%	27.7%	7.7%	5.8%
英国	67.5%	37.6%	11.8%	8.5%
ドイツ	70.6%	35.4%	9.9%	16.2%
オランダ	87.9%	35.2%	14.3%	20.7%
中国	15.4%	10.3%	23.9%	0.0%
韓国	61.8%	42.2%	69.7%	27.5%
全世界平均	61.8%	36.4%	13.3%	11.0%

*GRI はアプリケーションレベルが開示されているものに限定。
出所：2012 年 GRI データベース（GRI Sustainability Disclosure Database）。

第6節　各国における CSR の最新動向

　前述した各国の CSR の特徴に踏まえて、各国における CSR の最新動向を比較する。以下は、CSR に関するフレームワークまたは各国の制度を踏まえて、世界各国の CSR に対する情報開示の程度を紹介する。

　現在、世界各国における企業は、主に CSR ガイドラインおよび原則を参照するように求めている。CSR ガイドラインには、主に「GRI ガイドライン」、「OECD ガイドライン」、「UNGC」、「ISO26000」、国連「ビジネスと人権に関する指導原則」、「多国籍企業および社会政策に関する原則の三者宣言（ILO）」などフレームワークが含まれている。これらのフレームワークの中に、2012年公開された「GRI データベース」により、GRI ガイドライン、UNGC、OECD ガイドライン、ISO26000 が最も使われているフレームワークであると述べた。そして、**図表 7-3** は、世界各国における GRI ガイドライン[15]、UNGC[16]、OECD ガイドライン[17]、ISO26000[18] が使われている程度を表示する。欧州、アメリカにおける企業では、GRI が最も使われている。そして、日本で

は、UNGC と ISO26000 両方の割合が高い。韓国では、GRI と ISO26000 がよく使われている。中国の場合は、ISO26000 が最も使われているが、各フレームワークを使う割合が世界各国より低いと示した[19]（経済産業省 [2014]）。

まとめ

　以上、欧州、アメリカ、日中韓の CSR の特徴を比較した。欧州においては、CSR は社会面および環境面の考慮を自主的に業務に統合することである。よって、CSR は法的要請や契約上の義務を上回るものとして位置づけられている。一方、アメリカにおける CSR の一つの大きな特徴は、個人の社会的関心を投資の意思決定に結びつける社会的責任投資（SRI）の展開である。また、アメリカ企業においては、企業が株主のものであるとする考え方が徹底されており、一般の市民でもある、多くの株主への説明責任という観点から、企業の CSR への理解、認識は歴史的に深い。アメリカの CSR は政府主導というよりも民間主導でなされているといえる。

　韓国で行われている CSR 活動は、企業に対する批判・不信への対策として財閥企業を中心となっており、とりわけ寄付活動やボランティア活動として認識されている。しかし、韓国では、財閥、政治界、学界、地域社会といった様々な社会階層の CSR に対する認識の不完全が挙げられ、長期間積み重ねてきた韓国特有の企業文化を短期間で変化させることも困難である。

　中国では、2005 年になって政府は急速に CSR の方針を変更した。今後、多くの中国企業が CSR 理念と行動を取り入れるように努力することが予測されている。しかし、中国では他の国々のような、企業の提携相手となる NGO がほどんど存在しないため、中国で CSR を推進するためには政府とのパートナーシップが重要である。

　日本の CSR の特徴は、「環境＋社会貢献＋法令遵守」に重点を置いている点である。日本では、1960 年代の公害病や、1970 年のロッキード事件、1980 年のリクルート事件、2000 ～ 2002 年にかけての集団食中毒事件、自動車リコール問題等多くの企業の不祥事が発生した。そのため、欧州やアメリカでは法令

遵守は社会的責任の一部ではなく独立した問題として扱われているのに対し、日本企業のCSR報告書において法令遵守については重点的に載せられている傾向にある。日本における現代CSRの発展は欧州・アメリカと比べて遅く、これに追随する形でCSRの発展を遂げてきたという見方もあり、今後は企業と社会の自発的・主体的な取り組みが求められる。

　このように、各国のCSRの形態は異なり、それぞれに課題が残る。特に、早くからCSRに注目し、比較的CSRが定着している欧米に比べて、日中韓のアジア諸国ではCSRの体制が不十分であるといえる。今後、どのようにCSRの体制を構築していくかが焦点となる。

注

1) （社）海外事業活動関連協議会（CBCC）対話ミッション［2004］「アメリカ・欧州における社会的責任（CSR）」報告書（2004年3月）
2) マナラボ（2019）「経営倫理とは何か、法令遵守やCSRとの違い、経営倫理のよい企業」［https://docoic.com/32182］（2019.5.8閲覧）
3) マルチステークホルダー（Socially Responsible Investing）とは、よくマルチステークホルダープロセスと言われる。人々の価値観やライフスタイルを変革し、経済構造を転換し、民主主義および平等の考え方を浸透し、市民社会の成熟というプロセスを達成するために、企業や消費者、投資家、労働者、NPOなど個人また組織がこのプロセスに参加する必要がある。
4) 金子［2012］「CSRに対する政府の関与─ヨーロッパ各国のCSR政策を素材として」『高松大学研究紀要』（56・57）pp.213-243。
5) SRI投資（Socially Responsible Investing）とは、社会的責任投資のことである。投資会社を選ぶ際には、その財務と業績のパフォーマンスに注意を払うだけでなく、企業の社会的責任の遂行にも注意を払う。社会的責任投資家は、積極的な株主行動を通じて企業の社会的責任を推進するために、その企業の株主のアイデンティティを利用することができる。
6) 消費者運動とは、多くの場所で消費者団体が主導する組織的な社会運動を通して消費者保護を促進するために行う行為である。特に消費者に製品やサービスを提供する企業、政府、その他の組織の行為によって権利が侵害されている場合は、消費者の権利を主張することである。
7) 金子［2012］「CSRに対する政府の関与─ヨーロッパ各国のCSR政策を素材として」『高松大学研究紀要』（56・57）pp.213-243。
8) 金子［2012］「CSRに対する政府の関与─ヨーロッパ各国のCSR政策を素材として」『高松大学研究紀要』（56・57）pp.213-243。

9)　新谷［2008］『アジアの CSR と日本の CSR』日科技連出版社。

10)　末永［2004］『CSR の源流「三方よし」―近江商人学入門』サンライズ。

11)　NGO とは、Non-governmental Organizations（非政府組織）の略である。通常、非営利で、政府や国際的な政府組織から独立した人道的、教育的、医療、公共政策、社会、人権、環境などに積極的に活動を行う組織である。

12)　中国国家電網公司ホームページ『CSR ガイドライン』。

13)　新谷［2008］『アジアの CSR と日本の CSR』日科技連出版社。

14)　新谷［2008］『アジアの CSR と日本の CSR』日科技連出版社。

15)　GRI ガイドライン（Global Reporting Initiative）は、企業、政府、その他の組織が気候変動、人権、汚職などの問題に対する影響を理解し、サステナビリティに関する国際基準の策定を使命とする非営利団体である。

16)　UNGC は、国連グローバルコンパクトと呼ばれ、1999 年の世界経済フォーラム（ダボス会議）にて当時の国連事務総長アナン氏が提唱した持続可能な成長を実現するための世界的な枠組みのことである。UNGC は、主に人権の保護、不当な労働の排除、環境への取り組み、腐敗防止の四つの分野 10 の原則を掲げている。

17)　OECD ガイドライン（経済協力開発機構）は、経済発展と世界貿易を促進するために、1961 年に設立された 36 の加盟国を擁する政府間経済組織である。それは民主主義と市場経済へのコミットメントとして彼ら自身を説明し、政策経験を比較し、共通の問題に対する答えを模索し、良い慣行を識別し、そしてその加盟国の国内および国際政策を調整するためのプラットフォームを提供する国のフォーラムである。

18)　ISO 26000 は ISO（国際標準化機構）が発行した、組織の社会的責任に関する国際規格である。その目標は、企業や他の組織が社会的責任を実践して、労働者、その自然環境、地域社会への影響を改善することを奨励することによって、世界の持続可能な開発に貢献することである。

19)　経済産業省［2014］『国際的な企業活動における CSR（企業の社会的責任）の課題とそのマネジメントに関する調査』サンライズ。

参考文献

・(社) 海外事業活動関連協議会（CBCC）対話ミッション［2004］「アメリカ・欧州における社会的責任（CSR）」報告書

・金子匡良［2012］「CSR に対する政府の関与―ヨーロッパ各国の CSR 政策を素材として」『高松大学研究紀要』（56・57）pp.213-243

・経済産業省［2014］『国際的な企業活動における CSR（企業の社会的責任）の課題とそのマネジメントに関する調査』サンライズ
　［https://www8.cao.go.jp/youth/youth-harm/kentokai/25/pdf/ref6-2-1.pdf#search=%27世界各国 csr の最新動向 %27］（参照 2020 年 1 月 23 日）

・新谷大輔［2008］『アジアの CSR と日本の CSR』日科技連出版社

・末永国紀［2004］『CSR の源流「三方よし」―近江商人学入門』サンライズ

・中国国家電網公司ホームページ『CSR ガイドライン』

［http://www.sgcc.com.cn/index.shtml］（参照 2020 年 1 月 23 日）

第8章

CSR から戦略的 CSR、そして CSV へ

【要旨】

グローバル経営の難しさの一つの側面として、CSR がある。リスク回避を求める
だけではなく、CSR はプラスの力に変換していくために有用な経営理念であるとい
う認識が重要である。ポーター[1]とクラマー（Porter & Kramer）は 2006 年の「競争
優位の CSR 戦略」と 2011 年の「共通価値の戦略」という論文から「共通価値」（shared
value）の概念を提唱した[2]。世界中の企業は積極的に全社的な取り組みとしてこの概
念を組み入れ、新たな戦略として実施している。

企業には社会・環境問題を解決し、より良い社会を築く力がある。「社会問題」と「企
業利益」を両立させる「CSV」は、企業がその力を最大限に発揮するためのフレーム
ワークであり、「CSV」の実践はこれからの社会各層にとって有意義なものである
と考えられる。本章ではまず「戦略的 CSR」、「CSV」について言及し、そして「CSV」
を一つの企業行動として活動している企業の事例および、関連事項として、「BOP ビ
ジネス」の事例を紹介する。まとめとして、「戦略的 CSR」の観点から日本の進むべ
き未来を提言する。

キーワード：戦略的 CSR、共通価値、CSV、BOP ビジネス

第 1 節　戦略的 CSR 経営

1-1. 戦略的 CSR の考え方

今日、CSR への取り組み領域として、アメリカの経営学者 A・キャロル（A.
Carroll）による「守りの CSR」と「攻める CSR」という二つの分析フレームワー

図表 8-1　戦略的 CSR

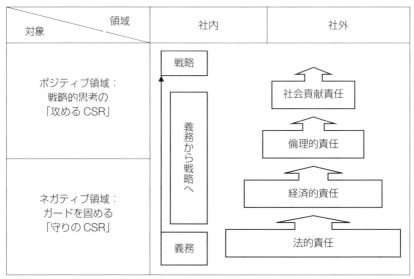

出所：A. Carroll「CSR のピラミッド」：Carroll & Buchholtz [2005]『Business & Society：Ethics and Stakeholder Management』(6[th]ed) "Pyramid of Corporate Social Responsibility (CSR)." 四つの責任は Carroll [1979] を修正。

クが存在する（Carroll & Buchholtz[3] [2005]）。それらを踏まえると、CSR の責任レベルは、**図表 8-1** に上げる四つに分類することができる。

　このように、経営倫理と CSR は、両者を比べれば、企業の社内と社外への対象に向けての働きかけと、活動領域における「守りの CSR」と「攻める CSR」の重点の置き方に相違点があるといえるだろう[4]（水尾 [2005], p.54）。

　CSR が目指すものには両面性がある。まず、企業の不祥事の発生を未然に防ぐことである。しかし、それだけではない。そのような「守り」だけではなく、今日、社会に積極的に貢献するといった姿勢、つまり「攻める」ことも求められているのだ。具体的に、社会福祉や健全な発展を積極的に促進することなどがある。例えば地域との交流活動、弱者救済のための支援活動などが考えられる。

1-2. 戦略的 CSR の理論

　ポーターとクラマー（Porter & Kramer）は、アメリカ経営学における戦略論の立場から、収益を目的としない既存の CSR を否定し、ビジネスチャンス、イノベーション、競争優位の源泉となる戦略的 CSR を提唱した。ポーターとクラマーは、「競争優位の CSR 戦略」（ポーター＆クラマー[2008]）において、CSR に関する新たなパラダイムを示した。彼らによれば、本格的な CSR を推進するために、まず、企業と社会の一般的な関係に基準を置き、その上で戦略と事業と関連づける必要がある。企業と社会が相互依存関係にある以上、事業判断も社会政策も、共通の価値に従うべきである。このような一般的な原則に従って、企業は、競争関係の把握や事業戦略の指針というフレームワークに社会の視点を取り込まなければならない[5]（ポーター＆クラマー[2008]）。これらを踏まえて、企業と社会の依存による相互関係への影響を二つの方向から分析する。

　まず「内から外への影響」において企業は事業活動を通じて社会へ影響を及ぼす。つまり、企業のバリューチェーン内の諸活動は、事業展開している地域社会と接点を持ち、社会にプラスあるいはマイナスの影響を及ぼすことである。次に、「外から内への影響」については、外部の社会環境も企業にプラスとマイナス両面の影響を及ぼす場合がある。いかなる企業でも、事業を遂行する上で、何らかの競争関係の中に置かれており、特に「長期的」に大きく制約されるため、事業戦略の実現のために企業を取り巻く社会状況における競争環境は、企業において重要である。もう一つの重要な点は、社会問題に対して CSR の指針であり、「大義が努力に値する」ことではなく、「共通の価値を生じさせる可能性の有無」である。戦略的 CSR における活動は、社会と企業に大きな価値を見出すことに集中すべきであり、社会と企業において「共通の価値」を求めることを意味する。

　以上のように、ポーターとクラマーの戦略的 CSR の本質は、企業と社会は対立するものではなく、相互依存関係にあると捉え、企業と社会の共通の価値

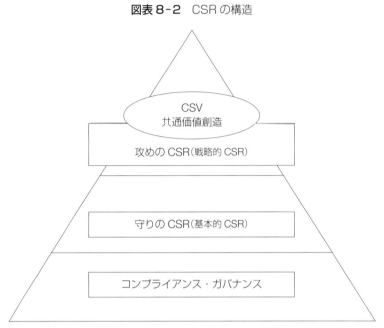

図表8-2　CSRの構造

出所：関西経営同友会企業経営委員会（2013）「戦略的CSRによる企業価値向上〜CSVを通じて持続的成長を目指そう〜」より筆者作成。

を主体的に生み出すことにあるといえよう。社会問題の中から自社の事業に関連づけられるもの、つまり、自社の能力によって解決できる社会問題を抽出し、積極的にCSR活動を展開して持続的に企業と社会双方に発展と進化をもたらすことこそが、戦略的CSRである。

1-3. 戦略的CSRからCSVへ

　2011年、ポーターがCSVを提唱したことで、価値創造に繋げるCSRの考え方が広がった。彼はCSVを論じる以前は、戦略的CSRを示していた（2006年12月）。基本的CSRに対応して、この価値創造タイプのCSRを戦略的CSRとして説明したのである。ところが、2011年にはCSRを全面否定し、それに変わる戦略としてCSVを提唱した。その転身の理由は、アメリカではCSRが

浸透していないからである。一般に、企業の社会活動とは企業市民活動（＝社会貢献）や世間からの評判構築でしかないと見られている。だからいくらポーターが「CSR に対して戦略的に取り組もう」といっても、企業は、“CSR”と呼ぶ限り経営に結びつけて扱ってくれなかった。ポーターは、それで簡単に引き下がるわけではなく、そこで新たな用語を持ち出して CSR を否定した。ところが日本人はアメリカを崇拝している人が多いため、日米の経営姿勢の違いを考えずにそのまま礼賛することが多いと思われる（**図表 8-2**）。

第 2 節　「CSV」とは

2-1. CSV の背景

　企業が経済的利益を一番に考えることによって社会は豊かになり、人々は幸せになるということが今までの考えであった。しかし、現在では利益中心の考え方に基づく企業活動、経済活動が様々な問題を生み出しており、社会生活の持続可能性や真の満足はどのように定義すればよいかという懸念が生じている。企業は経済的利益よりも長期的な社会貢献が必要であり、周囲の環境を作り出すことが優先される[6]（赤池・水上 [2013]）。経済環境・社会環境の創造は政府より企業に対してより大きな責任が負わされていると推測でき、企業が社会に対する責任を全うするために現在の経営環境に合う方法を取らなければならないといえる。そのなかで最も重視することは、経営資源の一つである情報と、人々を根底から変える意識である。経営資源である情報と知識を更新しながら変革を行うことによって、新しい理論や構造を創り出すのが一番良い選択だと考えられ、こうした「情報普及」と「倫理・社会意識の向上」は企業が問題解決の主力になり成功できるキーワードにもなる[7]（赤池・水上 [2013]）。この取り組みをサポートすることで政府レベルも消費者レベルも活発化し、そこに新しい市場が生まれる。こうした背景から「CSV」の可能性は構造的に大きくなる一方であり、企業による社会・環境問題解決への流れは 21 世紀の大潮

流の一つとなっている。

▍2-2. CSV の定義

「共通価値[8]の創造」は、企業と社会の両方に価値を生み出す企業活動を促進する経営フレームワークであり、企業が時代の変化に対応して社会の新しいニーズに応え、長期的に発展していくための経営のあり方を示すものである[9]（赤池・水上［2013］）。簡単にいえば、共通価値の創造（CSV）はビジネスと社会の関係の中で社会問題に取り組み、社会的価値と経済的価値の両立による共通の価値を創造するという理論である。「CSV」の実施は諸々の手法によって実施され、様々な領域において展開している。

今日の企業は、社会と株主双方にとって価値を創出していくことが求められている。企業としては、優れた人材と資本の両方の資源を投入して、関係するすべてのステークホルダーとともに、事業活動として価値を創造していくことが必要となっているのである。

企業価値と社会価値の両立を実現するための経営フレームワークである「CSV」は次のように整理できる。第一のアプローチは「社会・環境問題を解決する製品・サービスの提供（製品・サービスのCSV）」であり、第二のアプローチは「バリューチェーンの競争力強化と社会への貢献の両立（バリューチェーンのCSV）」であり、第三のアプローチは「事業展開地域の競争基盤・クラスターの強化と地域への貢献の両立（競争基盤・クラスターのCSV）」である。

CSVはCSRと本質的な違いがある。CSVをCSRの代表的なISO26000と比較して考えてみよう。CSVは、経営的視点から、企業の競争力の強化をねらいとしている。ポーターが言及している価値（Value）とは、経営学の用語であり、「利潤」である。CSVのS（shared）は、「共有される」または「共通の」と翻訳されている。企業と社会の二元論で整理しているが、企業と社会にとっての共有価値とは何か。企業にとっては利潤に繋がり、社会にとっては課題が解決されるという意味で、いわゆる「Win-Winな関係」として理解できる。これに対して、ISO26000は、企業、ステークホルダー、社会の三元論に立ち、

図表 8-3　CSV と CSR の比較

項目	考え方	相関領域	発展動向
CSV	本業より企業経営のほうを重視し、バリューチェーンの生産性を重視する	企業経営の競争戦略	経営者の関心事項は経営局面での活用
CSR	本業を重視した上で、バリューチェーンを意識する	ステークホルダーに関するすべてのこと	国家標準、国際標準より、現場で生じる事実上の標準を重視

目指す価値は「持続可能な発展」であるとしている。つまり Win-Win-Win の「トリプル Win」である。これを三者にブレークダウンすると、それぞれにとっての「持続可能な発展」は、企業にとって持続可能な成長であり、ステークホルダーにとっては持続可能な消費、持続可能な生計、持続可能な調達などであり、その上で社会・環境の持続可能性を目指すことになる（**図表 8-3**）。

2-3. CSV の意義

　「CSV」の普及や浸透を推奨しているのは、この企業行為は環境を改善しながら事業を展開できる戦略だからである。今日、世界では CO_2 排出量の過多、森林の過度伐採、水質汚染等の環境問題と貧困層や低収入層の飢餓困難、災害による住宅問題、障がい者雇用等の社会問題がよく見られる。このような環境問題や社会問題を解決するために財力や人力を投入しなければならないが、先述した赤池・水上［2013］の言葉からその「財・人」の収集は一つの大きな問題だと考えられる。この問題を解決できるのは「CSV」による考え方ではないかと考えられており、企業は経営資源を活用してイノベーションなどを起こしながら自社の事業を展開し、その事業により顧客層を広げ、経済的利益を得ている。このように赤池・水上［2013］は環境・社会問題を解決しながら企業利益も獲得できるのは企業にも、社会にも、人間にも、とても意義があることだと考えている[10]（赤池・水上［2013］，p.43）。「CSV」の普及と浸透は、短期的な「改善」ではなく、根本的な社会「変革」を実現でき、重大な意義を持つ「CSV」は今後も潮流となり、世界各地や企業に浸透できるのではないかと思われる。

第3節　「CSV」の発展の歩み

3-1.「CSV」誕生前の経営戦略

　ここで寺前［2013］がまとめた「CSV」までの体系を整理し、レビューしていきたい。経営戦略の始まりとして、チャンドラー（A. D. Chandler［2004］）は「組織は戦略に従う」という言葉の通りに組織の形成と戦略の関わりにおける重要性を指摘した。チャンドラーはアメリカの大規模企業の歴史には四つの段階があると論じている[11]（寺前［2013］, p.35）。四つの段階は「最初の事業拡大と経営資源の増大」、「資源活用の合理化」、「経営資源を持続活用の新市場、新製品ラインに進出」および「短期の需要、長期の市場トレンドの両方に対応して経営資源活用のための組織改編を実施」である。経営資源の再配分と組織の再配置を求める過程で、事業部制組織の形成に視点が置かれている。しかし、企業の持続的な発展における戦略の転換期により、組織の再構造が企業の経営に影響を及ぼすことが現実である。アンゾフ（H. I. Ansoff）は「戦略」を中心に経営を述べ、次の世代のビジネス環境の変化へ対応するための能力を構築することが大切だと論じた[12]（寺前［2013］, p.36）。また、アンゾフはマトリックスを創り出し、組織における意思決定を三つの「戦略」、「組織構造」、「システム」に分類し3Sモデルとした。その後、ポーター（M. E. Porter）は、競争の優位性を築くことにおいて、業界の平均以上の収益率の上昇を求めるため、低コスト、低価格を実現することで、市場での競争が起こると論じた。企業の経営者や管理者は企業全体よりもコアコンピタンス、競争優位の決定要因などに注目し、競争優位の中核は自社能力における適応であると主張している。そして、競争戦略として三つの基本戦略を提唱した。具体的には「コストリーダーシップ」、「差別化」、「集中」である。ポーターの競争優位と違い、ワーナーフェルト（B. Wernerfelt）は企業の競争優位の源泉が企業固有の経営資源であると主張する資源ベースの戦略を提唱した。その戦略の四つの論点は以下のようになってい

る。①企業が保有する経営資源がどのように多角化の基礎を築くのか、②多角化によって経営資源をどのように開発するべきか、③多角化の進展過程はどのように進んでいるか、④多角化を図るための企業買収はどのようにするべきか、である。バニー（J. B. Barney）の「RBV」に関する研究は企業ごとに異質で複製に多額の費用がかかる経営資源に着目し、経営資源の活用によって競争優位を獲得することを述べている。また、バニーは企業内部の経営資源の強みと弱みを分析する手法の VRIO を提示した。最後に、ハメル & プラハラード（G. Hamel & C. K. Prahalad）は競争優位の源泉を自社が保有する能力に存在することを指摘し、企業の競争力の中心を担う能力「コアコンピタンス」を創造し、育むことの重要性を論じている。彼らが提唱した「コアコンピタンス」の条件は顧客価値・競合他社との違いを出すこと・企業力を広げることである[13]（寺前 [2013], p.43）。このように「CSV」が発表される前の経営環境はとても激しく、経済研究者もそれぞれの研究を重ねてきたのである。

3-2.「CSV」までの進化過程

　ポーターは日経 Biz アカデミーのインタビューに対して、「CSV」の発想は今まで企業が見落した市場に注意を払うことで生み出したものと述べている[14]（ポーター（M. E. Porter）[2013a]）。これを経営戦略の進展の視点から考慮すると「CSV」の誕生過程を簡単に想像できると思われる。チャンドラーの経営戦略の意図は経営資源を効率的に活用し、長期的展望により企業全体の方向性を定めることである。また、アンゾフの成長戦略は、製品市場を主体として様々な戦略論の体系を構成した。これまでの戦略理論において最高の経済的パフォーマンスを表するためには「持続的競争優位」を実現しようと考えた。しかし、企業収益性に影響されるのは、市場、品質、価格などの伝統的な要素ではなく、経済全体の状況、業界の魅力度、企業自らの経営資源などにも関わっているため、その比率は変わっていくと考えた[15]（ポーター（M. E. Porter）[2013b]）。経営戦略の着目点の変動によって「競争戦略」から「バリューチェーン（=VC）」に進み、そして「CSR」から「CSV」まで進展してきたのである。「CSV」は

図表 8-4 「CSR」と「CSV」の違い

CSR Corporate Social Responsibility	CSV Creating Shared Value
▶価値は「善行」	▷価値はコストと比較した経済的便益と社会的便益
▶シチズンシップ、フィランソロピー、持続可能性	▷企業と地域社会が共同で価値を創出
▶任意、あるいは外圧によって	▷競争に不可欠
▶利益の最大化とは別物	▷利益の最大化に不可欠
▶テーマは外部の報告書や個人の嗜好によって決まる	▷テーマは企業ごとに異なり、内発的
▶企業の業績や CSR 予算の制限を受ける	▷企業の予算全体を再編成する
▶例えば、フェア・トレードで購入する	▷例えば、調達方法を変えることで品質と収穫量を向上させる

注：いずれの場合にも、法律および倫理基準の遵守と、企業活動からの害悪の削減が想定される。
出所：ポーター＆クラマー[2011]。

従来の純粋に経済的価値を求めることから、社会的価値と経済的価値を両立にする経済の全体的なニーズを満たすものであると考えられる。

第 4 節　企業の「CSV」における競争優位

4-1.「CSV」に関する分析

　「CSR」(Corporate Social Responsibility) は、主に事業以外の活動として社会に貢献するモデルであり、社会貢献を重視している。これに対して「CSV」(Creating Shared Value) は、企業が経済的価値と社会的価値を同時に創造し事業を展開する経営モデルである。以前から「CSR」を広く解釈し、「戦略的 CSR」として「製品・サービスや事業を通じて社会に貢献する」という考え方はあったが、「CSV」は「CSR」のように「社会貢献」という義務的なイメージではなく、社会価値や企業価値を新しい経営フレームワークとし、新しい経営コンセプトとしてこれ

から発展していくものである[16]（赤池・水上［2013]）。「CSR」と「CSV」を比較すると**図表 8-4**のようになる。前者の価値は慈善活動の「善行」であるが、後者の価値は「経済的便益と社会的便益」であり、目的は、前者が企業における市民活動、社会活動および持続可能性であり、後者が企業と地域社会の共同価値の創出である。実施する理由としては前者が企業からの任意あるいは外圧であるが、後者が競争により発生し、利益に関しては「CSR」は利益を別物とするが、「CSV」では利益の最大化を追求する。また、テーマは前者が外部の報告書や嗜好により決定することとなるが、後者は企業ごとに異なり、内発的である。「CSR」は企業の業績や CSR 予算の制限を受け、「CSV」は企業の予算全体を再編成する。このように「CSR」と「CSV」には明確な差異がある。

4-2.　「CSV」の応用事例

　欧州の企業であるネスレの「CSV」は、コンプライアンスやサスティナビリティを追求することを目指している。そして、ネスレは長期的な視野に立ち、堅実な経営原則に従って事業を推進しており、雇用の提供、公共サービスを支える税金、そして経済活動全般といった形で、社会と株主双方にとって価値を創造している。長期的な価値を創造するのは株主にも社会にも重要である。しかし、経営の原則なしには持続可能な環境への取り組みも株主と社会にとっての共通価値の創造も実現することはできない。そのため、ネスレは持続可能性（サスティナビリティ）を常に念頭に置き、将来確実に環境を保全する方向性で事業運営を行っている。共通価値を創造する潜在性を最大限に有し、優れた人材と資本に資源を投入し、関係するステークホルダーと協働することに努めている。ネスレでは、自社のバリューチェーンを分析し、**図表 8-5**のように社会全般と共通価値を創造する潜在力のある分野として、栄養、水資源、そして農業・地域開発を掲げている[17]（ネスレホームページ）。また、財団法人企業活力研究所の報告書に記したように、欧州のもう一つの企業代表であるユニリーバは、170 カ国で毎日 20 億人が製品を使用する世界最大級の日用品と食品メーカーであり、新興国向けの販売にも注力している。

図表8-5　ネスレの「CSV」

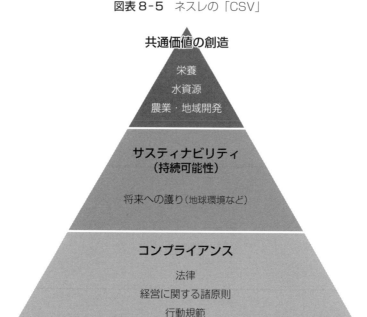

出所：ネスレホームページ『共通価値の創造』より筆者作成。

　ユニリーバは自社から「ユニリーバ・サステナブル・リビング・プラン」という成長とサスティナビリティを両立させるビジネスプランを創り出し、「経済発展」、「すこやかな暮らし」、「環境負荷の削減」の三つを中心に全世界で取り組みを進めている。最初の製品である「ライフボーイ」は小さな石鹸ながら、当時の英国に衛生習慣を根づかせ、暮らしを大きく変えていった。今後も暮らしをよりよく変えることをめざして、ステークホルダーとともに小さな行動を続け、実績を積み重ねてきていると掲載されている[18]（ユニリーバホームページ）。

　アジアにおける代表的な先進国である日本の企業の「CSV」の事例として、キリンと住友林業を取り上げる。キリンの「CSV」では企業の「CSV」の実現に向けたアプローチは事業活動によって社会課題の解決に貢献する「CSV」（共有価値の創造）を目指している。その中で、**図表8-6**のように、六つのテー

図表 8-6　キリンの「CSV」

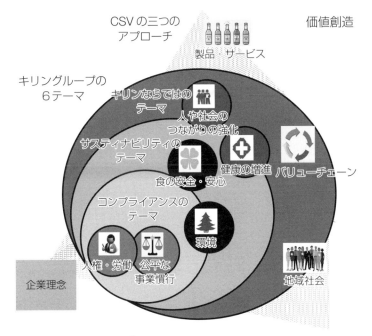

出所：キリンホームページ『CSV』より引用。

マを設け、三つのアプローチによって「CSV」を実践している。コンプライア
ンスのテーマとして「公正な事業慣行」、「人権・労働」、サスティナビリティ
のテーマとして「環境」、「食の安全・安心」、キリンならではのテーマとして
は「人や社会のつながりの強化」、「健康の増進」に取り組んでいる。また「CSV」
を推進するためのあらたな部門として「CSV」本部が設置された。「CSV」本
部のミッションは社会と共有できる価値を企業全体で創造し、企業ブランドを
高め、競争力を強化することである。

　2012 年 10 月に長期経営構想「キリン・グループ・ビジョン 2021」が発表さ
れた。その長期構想では「ブランドを基礎とした経営」の具現化により、キリ
ンの商品やサービスがお客様の大切な生活シーンにおけるベストパートナーと
なれるような取り組みを推進し、オーガニックな成長と世界レベルの経営品質

の実現を通じた企業価値の向上を目指している。また、「事業価値を向上させるために CSR の考え方を反映できないか」という視点から創出された「価格営業から価値営業へ」すなわち、価格ではなく価値で商品を選択してもらえることを目指す営業への戦略転換である[19]（KIRIN [2012]）。このようにキリンはポーターが提出した「CSV」の通り、「社会的価値の創造」と「企業の成長」の事例である、を両立しながら、自分なりの「CSV」の目標を創り出した。それは「社会をよくして、キリンも強くなる」というものである。

　もう一方の事例である、住友林業は国内で年間約一万棟の木造の住宅を提供し、木造住宅のリーディングカンパニーの立場から『住友林業の家』の主要構造材は地域材を中心に国産材の使用率を高める努力を続けてきた。この国産材使用比率を高めることは、日本における「社会」と「環境」の改善に役立ったが、「経済」への貢献は限られている。そこで住友林業は「カーボン・オフセット」の取り組みを行った。これは、「社会」、「環境」、「経済」への貢献が直接事業に好影響を生み出す取り組みで注文住宅・分譲住宅の全棟の主要構造材を原木の伐採から建築段階まで発生する CO_2 をインドネシアの荒廃地に植林することで相殺するものである。一年間の植林面積は約 300ha の土地に対して植林本数は約 30 万本になり、「住友林業の家」を選ぶことによって、世界の荒廃地に植林を行われていることを意味する。また、住友林業では「木化事業」を次世代の新事業として力を入れている。学校施設や保育園のような公共施設や医療・福祉施設など、大型建築物の構造部分に木材を使用する「木造化」と「木質化」を進めることで、木材の利用率を高めるのである。この木化事業を通じた東日本大震災の復興支援の取り組みがある。木から生み出される空間は精神的にも癒しの効果があり、医療面でその効果を発揮するため、2012 年 7 月に宮城県東松島市と「復興まちづくりにおける連携と協力に関する協定」を締結し、「木化都市」という新たな都市モデルの実現を支援している。また、岩手県陸前高田市にも、地域の人々が気軽に立ち寄れるコミュニティづくりの一環として、東北材を活用した木造の仮設店舗を建設している。被災地だけでなく日本の地方都市すべてにあてはまるとして「人が集まる魅力あるまちづく

り」の取り組みを促進した。この「木化事業」を通じたまちづくり支援の取り組みを他の地方都市でも展開する予定である[20]（赤池・水上［2013］）。以上のようにして住友林業は「復興まちづくり」とそれによる「利益の創出」という形でCSVを実行している。

以上のネスレ、ユニリーバ、キリン、住友林業の事例から共通価値を創出するためには、CSV概念を明確に理解し、社会・環境問題をビジネスチャンスとして認識することが大切であることがわかる。また、基幹事業にしていくために、自社のビジョンや事業目的を再考・再設定する必要がある。さらに、事業を行う労働者を含めて企業全体がCSVを理解すべきであり、そのためには、CSVを専門にするリーダーが求められる。つまり、人材育成が今後の課題であると考えられる。

4-3.「CSV」への批判と提言

慶應義塾大学の岡田正大教授はハーバード・ビジネス・レビュー特集「CSV経営」の中で、「CSV」と企業の競争優位との関連について述べている。その中で、「CSV」への批判として、①企業活動の社会的・環境的インパクトを重視する考え方の「CSV」は新たな概念ではない。②「CSV」には概念の限界があり、企業が現実的に直面する経済性や社会性のトレードオフに関する決断を過小評価している。③「CSV」は、「法的に要求された最低限の社会責任は企業によって果たされていることを前提とする」点に対しては、「あまりに軽卒すぎる」。④「CSV」というものに対する批判ではなく、企業側が「CSV活動」をするために派生する小規模や端面的な活動などが発生する恐れがある、といったものがあることを指摘している[21]（DIAMONDハーバード・ビジネス・レビュー［2015］, pp. 49-50）。

また、「CSV」への懐疑としてユニクロのCEOである柳井正は、①世界と共存していくためには世界で通用する価値を提供するべきであり、「世界で通用」できる「CSV」を創り出すことが必要である。②企業が行動様式を具体的にどう変えるべきなのか、具体的方策も考えるべきであり、現実に存在する社

会と経済の緊張関係を認識すべきである。③「CSV」を理想的に体現する単独プロジェクトを小規模な事業活動と簡単に考え、CSV本来の企業全体の行動を変革する視点を欠けてしまう可能性があるので注意すべきである。④「CSV」が日本企業にもたらす新たな競争優位は企業とNPOによる新たな価値創造が突破口になる。⑤「CSV」は企業利益と社会問題の解決を両立することが核になっているが、人も企業も「利己性」と「利他性」の中で前者を常に考慮するので、企業は利益追求を筆頭においてしまう。企業全体からの「CSV」は実現することは難しいということを認識すべきである、と述べている[22]（ダイアモンドハーバード・ビジネス・レビュー[2015]、p. 32）。

　上記の通り「CSV」に対する懐疑的な意見もあるが、それにより与えられる影響と貢献は無視できない。「CSV」の分析には、まだ未熟な部分も多く残されている。そして、「CSV」の目的は、利益向上を伴う社会価値の向上である。その手段として、産業クラスターの育成とバリューチェーンの再構築の2つの手法を取っている（**図表8-7、図表8-8**）。「CSV」が社会のニーズに合わせ、ますます発展し、社会問題をさらに解決してくれることを期待している。

まとめ

　共通価値の創造（CSV）は、ビジネスと社会の関係の中で社会問題に取り組み、社会的価値と経済的価値の両立による共通の価値を創造するという理論である。

　今日、世界ではCO_2排出量の過多、森林の過度伐採、水質汚染等の環境問題と貧困層や低収入層の飢餓困難、災害による住宅問題、障がい者雇用等の社会問題がよく見られる。このような環境問題や社会問題を解決するために財力や人力を投入しなければならないが、先述した赤池・水上[2013]の言葉からその「財・人」の収集は一つの大きな問題だと考えられる。この問題を解決できるのは「CSV」の考え方であり、企業が経営資源を活用してイノベーションなどを起こしながら自社の事業を展開することで、顧客層を広げ、最終的には経済的利益を得られるのである。つまり「CSV」の普及と浸透は短期的な「改

図表 8-7　Creating Shared Value (CSV)①

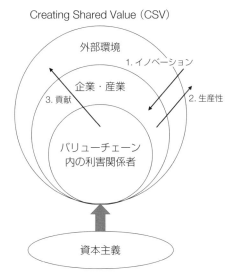

出所：筆者作成。

図表 8-8　Creating Shared Value (CSV)②

価値	目的	手法	プレーヤー
Creating Shared Value (CSV)	利益向上を伴った社会的価値の向上	産業クラスターの育成、バリューチェーンの再構築	企業 政府 自治体

出所：筆者作成。

善」ではなく、根本的な社会「変革」を実現でき、そのような重大な意義を持つ「CSV」は今後ますます世界各地方や企業に浸透していく可能性がある。

注
1)　Michael Eugene Porter（1947 年〜）は、アメリカ合衆国の経営学者であり、ハーバード大学経営大学院教授である。
2)　ポーター＆クラマー［2011］『共通価値の戦略』ダイヤモンドハーバード・ビジネス・レビュー（2011 年 6 月号）
3)　Carroll & Buchholtz［2005］"Business and Society: Ethics and Stakeholder Management," 6th ed.

4)　水尾［2005］『CSR で経営力を高める』東洋経済新報社。

5)　ポーター＆クラマー［2008］『競争優位の CSR 戦略』*Harvard Business Review*, 33 (1)：pp.36-52。

6)　赤池・水上［2013］『CSV 経営─社会的課題の解決と事業を両立する』NTT 出版。

7)　赤池・水上［2013］『CSV 経営─社会的課題の解決と事業を両立する』NTT 出版。

8)　共通価値（Shared Value）とは、一つの戦略、活動が社会価値と企業価値の両方を生み出すことである。

9)　赤池・水上［2013］『CSV 経営─社会的課題の解決と事業を両立する』NTT 出版。

10)　赤池・水上［2013］『CSV 経営─社会的課題の解決と事業を両立する』NTT 出版。

11)　寺前［2013］「伝統的な経営戦略論の再吟味─ 1960 年代から 1990 年代初頭の研究について」『名城論叢』14 (2)：pp.33-56。

12)　寺前［2013］「伝統的な経営戦略論の再吟味─ 1960 年代から 1990 年代初頭の研究について」『名城論叢』14 (2)：pp.33-56。

13)　寺前［2013］「伝統的な経営戦略論の再吟味─ 1960 年代から 1990 年代初頭の研究について」『名城論叢』14 (2)：pp.33-56。

14)　ポーター［2013a］「社会問題の解決と利益の創出を両立　企業に新たなビジネス機会をもたらす CSV とは」『日経 Biz アカデミー』特集　2013 年 1 月 9 日 ［http://bizacademy.nikkei.co.jp/feature/article.aspx?id=MMACz2000007012013&page=1］（参照 2020 年 1 月 23 日）

15)　ポーター［2013b］「社会問題の解決と利益の創出を両立　企業に新たなビジネス機会をもたらす CSV とは」（下）『日経 Biz アカデミー』特集　2013 年 1 月 9 日 ［http://bizacademy.nikkei.co.jp/feature/article.aspx?id=MMACz2000007012013&page=1］（参照 2020 年 1 月 23 日）

16)　赤池・水上［2013］『CSV 経営─社会的課題の解決と事業を両立する』NTT 出版。

17)　ネスレホームページ『共通価値の創造』 ［http://www.nestle.co.jp/csv/whatiscsv］（参照 2020 年 1 月 23 日）

18)　ユニリーバホームページ／［https://www.unilever.co.jp/sustainable-living/］ （参照 2020 年 1 月 23 日）

19)　KIRIN［2012］『キリングループ長期経営構想』「キリン・グループ・ビジョン 2021」および「キリングループ 2013 年-2015 年中期経営計画」

20)　赤池・水上［2013］『CSV 経営─社会的課題の解決と事業を両立する』NTT 出版。

21)　ダイヤモンドハーバード・ビジネス・レビュー編集部［2015］「CSV 経営」『ダイヤモンドハーバード・ビジネス・レビュー』（2015 年 1 月号）。

22)　ダイヤモンドハーバード・ビジネス・レビュー編集部［2015］「CSV 経営」『ダイヤモンドハーバード・ビジネス・レビュー』（2015 年 1 月号）。

参考文献

・Carroll, A. B.［1979］A Three-Dimensional Conceptual Model of Corporate Performance, *The Academy of Management Review*, (4) 4, pp.497-505

・Carroll, A. B. & A. K. Buchholtz［2005］"Business and Society: Ethics and Stakeholder Management", 6th ed.
・Chandler, A. D. Jr. 著・有賀裕子訳［2004］『組織は戦略に従う』ダイヤモンド社
・ETNEWS［2013a］『サムスン UHD ZOO、海外各国で開催される』
・ETNEWS［2013b］『サムスン UHD TV 活用した絶滅危機の動物展― CSV 代表事例としてつけられる』
・KIRIN［2012］『キリングループ長期経営構想』「キリン・グループ・ビジョン 2021」および「キリングループ 2013 年–2015 年中期経営計画」
・NEWSPIM［2013］『CSV サムスンの進化、品格経営 -1 部⑤新経営 20 年、共栄の道』（2013/11/05）
・赤池学・水上武彦［2013］『CSV 経営―社会的課題の解決と事業を両立する』NTT 出版
・関西経済同友会企業経営委員会［2013］「戦略的 CSR による企業価値向上〜 CSV を通じて持続的成長を目指そう〜」
・キリンホームページ『CSV』［http://www.kirin.co.jp/csv/］（参照 2020 年 1 月 23 日）
・ダイヤモンドハーバード・ビジネス・レビュー編集部［2015］「CSV 経営」『ダイヤモンドハーバード・ビジネス・レビュー』（2015 年 1 月号）
・寺前俊孝［2013］「伝統的な経営戦略論の再吟味― 1960 年代から 1990 年代初頭の研究について」『名城論叢』14（2）：pp.33-56
・ネスレホームページ『共通価値の創造』
　［http://www.nestle.co.jp/csv/whatiscsv］（参照 2020 年 1 月 23 日）
・ポーター, マイケル E. & マーク・R. クラマー［2011］「共通価値の戦略」『ダイヤモンドハーバード・ビジネス・レビュー』（2011 年 6 月号）
・ポーター, マイケル E. & マーク・R・クラマー［2008］『競争優位の CSR 戦略』*Harvard Business Review*, 33（1）：pp.36-52.
・ポーター, マイケル E.［2013a］「社会問題の解決と利益の創出を両立　企業に新たなビジネス機会をもたらす CSV とは」『日経 Biz アカデミー』特集　2013 年 1 月 9 日　［http://bizacademy.nikkei.co.jp/feature/article.aspx?id=MMACz2000007012013&page=1］（参照 2020 年 1 月 23 日）
・ポーター, マイケル E.［2013b］「社会問題の解決と利益の創出を両立　企業に新たなビジネス機会をもたらす CSV とは」（下）『日経 Biz アカデミー』特集　2013 年 1 月 9 日　［http://bizacademy.nikkei.co.jp/feature/article.aspx?id=MMACz2000007012013&page=1］（参照 2020 年 1 月 23 日）
・水尾 順一［2005］『CSR で経営力を高める』東洋経済新報社
・ユニリーバホームページ［https://www.unilever.co.jp/sustainable-living/］（参照 2020 年 1 月 23 日）

第9章

第9章
BOP ビジネスによる新たな価値創造の展望

【要旨】

　グローバル経済が加速する中、日本国内において貧富の格差は広がり続けている。労働市場の規制緩和が進み、企業のアウトソーシング[1] が進むことで賃金の格差が広がっていることが一つの要因である。また、世界に目を向けてみても発展途上国と先進国との間の所得格差は大きく開いており、先進国と途上国とのあり方が大きく問われている。こうした中で先進国企業のいわゆる能動的 CSR をどのように生み出すことができるのか、そして BOP ビジネスを企業の戦略としてどのように遂行して行くかが問われている。

キーワード：BOP ビジネス、アウトソーシング、インクルーシブビジネス、ODA、
　　　　　　　ミレニアム開発目標、SRI、NPO 機関、NGO

第1節　BOP ビジネスとは

1-1. BOP ビジネスの定義

　BOP ビジネス[2] の使命はビジネスを通じて貧困問題を緩和することであり経済性と社会性の両立である（曹 [2012][3]）。このように、BOP ビジネスは今後の経営倫理の観点からも重要なビジネス領域となると考えられる。では BOP ビジネスとはいったい何であろうか。

　BOP とは、1998 年にミシガン大学のプラハラッド教授とコーネル大学のハート教授が着想した Bottom of the Pyramid、後の Base of the Pyramid の頭文

字を取った略称である。Bottom とは、世界人口の約72％にあたる年間所得3000 ドル未満の約40億人の所得層を意味する。1日200円以下で生活するこれらの所得層を対象とした新興国や発展途上国でのビジネス活動は成熟した既存の市場や人口が減少する先進国の企業にとっては大きなビジネスチャンスを意味している。

　BOP は、企業の商業利益の追求とバリューチェーンを通じた貧困改善に貢献するビジネスと定義され、より多くのステークホルダーにビジネスの恩恵があるという点からインクルーシブビジネス[4] という用語によっても浸透しつつある（pwc Japan [2013][5]）。つまり、持続可能な利益追求型ビジネスである従来の営利企業が、途上国や新興国の所得の低い所得層に向け、利益の追求と社会貢献の両方を実現できるとしている。日本は欧米企業と比較すると、このビジネス分野での取り組みが遅れていると言われている。理由として、途上国の社会的な解決を自社の経営課題として捉えることやCSR 活動を通じて新しい戦略をとるという経営、そして将来の利益を生み出す投資として CSR 活動が有効である、という考え方に馴染みがないことが挙げられる（みずほ総合研究所 [2010][6]）。

1-2. BOP ビジネスの意義

　ではなぜBOP ビジネスが必要とされるのだろうか。途上国への援助は政府レベルにおいて ODA[7]（政府開発援助）といった形でこれまで行われてきた。日本は先進国の中でトップレベルの ODA 拠出金額を誇る。しかしながら政府開発援助がインフラをメインに建物や河川に架かる橋の建設といった資金に充てられる中で、新たな雇用の創出や生活水準の中長期的な向上に直接的な影響を及ぼさないといった指摘もある。

　過去60年間、世界中から1兆5千億ドル以上の援助や寄付金が国連や国際機関主導で途上国に注ぎ込まれてきたが、貧困指標の大きな改善には繋がらなかった（高岡 [2013][8]）。こうした中で、世界規模での中長期的な発展を見据えた上で途上国の発展は、先進国にとって看過することのできない問題である。

こうした中、国連が発表したミレニアム開発目標[9]は私たちが本腰を入れてクリアにしていくべき課題である。このミレニアム開発目標（MDGs）は2000年の国連ミレニアム・サミットで採択された国際社会共通の目標であり、次の八つの目標から成っている。ミレニアム開発目標に代表される途上国の抱える問題とそれに対する先進国の役割を整理して行きたい。

（目標1）極度の貧困と飢餓の撲滅
（目標2）初等教育の完全普及の達成
（目標3）ジェンダー平等の推進と女性の地位向上
（目標4）乳幼児死亡率の削減
（目標5）妊産婦の健康の改善
（目標6）HIV、エイズ、マラリア、その他の疾病の蔓延の防止
（目標7）環境の持続可能性の確保
（目標8）開発のためのグローバルパートナーシップの推進

これらの目標を達成するために、政府レベルのみならず民間の企業が目標を達成するために積極的に協力する必要があるだろう。このうち目標3については、主にダイバーシティマネジメントの主要課題として様々な企業の人事管理において活用されている。残りの項目についてはBOPビジネスとして直接的、あるいは間接的に影響を及ぼすものであると考えられる。

1-3. BOPビジネスと経営倫理、CSRの関係

ここでBOPビジネスについて経営倫理、ならびにCSRと交えて整理する。経営倫理については最近では多くの消費者が関心を寄せている。例えば国内企業の直近動向を見ても、大手百貨店の産地偽装、食品偽装表示に始まり、消費者の企業に対する信頼を大きく揺るがす事故、または事件が相次いでいる。中国からの輸入冷凍餃子毒入り事件の犯人の裁判が中国で行われる中、国内ではマルハニチロ子会社工場での従業員による薬品混入事件が発生し、消費者の食の不安を一層掻き立てさせられる事案が続いた。

　こうした中で経営倫理は、グローバル社会であり、また社会構造が複雑化する今日において、消費者と企業の間の信頼関係を築くために、重要なテーマとなった。経営倫理は一般に認められた社会価値観に基づき、企業主体の制度・政策・行動の道徳的意義に関して行われる体系的内省であり、この観点を欠いた経営は社会から追放されてしまう。それは企業が公共性を有するものであるとともに社会と共生共存すべき存在であると考えられるからである。

　企業にとって CSR は本業とは別に社会的貢献するいわば別業務と考えられ、受動的な活動とも受け止められる（曹 [2012][10]）。しかし、CSR の中でもいわば戦略的な位置づけとして BOP ビジネスを活用する企業もあり、企業が社会とうまく共生するために経営倫理を遵守し、CSR 活動を進める中で BOP ビジネスを一つの戦略と位置づけ、活用することが注目されている。

　また、BOP ビジネスの特徴は慈善事業ではなく本業であり、CSR そのものとは相離れる性格を持つ。菅原 [2010][11] によれば、BOP ビジネスは BOP 層の抱える貧困削減や、環境改善、そして生活水準の向上といった社会的課題を革新的、効率的、そして持続的なビジネスの手法で解決し、現地の人々をパートナーとして価値を共有することとある。

　BOP ビジネスを進めることで企業が間接的に CSR 活動を行うという社会的責任を果たすことができると考えられ、企業の社会からの評価、そして投資家からの評価が SRI[12] として上がるのではないかと考えられる。SRI 市場規模は欧州で 49 ％、アメリカで 11.2 ％、日本では 0.2 ％であるが（経済産業省 [2013][13]）、投資部門別株式保有状況によると、国内企業による投資割合が主に金融機関などが軒並み減少する中、外国法人などによる投資は平成 23 年度の 26.3 ％から平成 24 年度の 28 ％に増えており、ボーダレスな投資は企業にとっても看過できないだろう（TOPIX [2013][14]）。

第2節　日本における BOP ビジネス

2-1.　日本と BOP ビジネス

　では、日本にとって BOP ビジネスは潜在的なビジネスチャンスを与えるものかを検証して行きたい。欧米企業と比較すれば、BOP ビジネスに遅れを取っている日本だが、日本企業における BOP の成功事例はいくつかある。私たちの生活にとけ込んでいるものが途上国で BOP ビジネスとして成功している事例もある。ここで BOP の市場について見ていきたい。

　2007 年の世界の中での BOP 市場規模として、アジア地域における BOP 市場が全世界の BOP 市場の 5 兆ドルに対して 3 兆 4700 億ドルと 7 割近くを占めている（みずほ総合研究所［2010］[15)]）。日本から地理的にも、時間的にも距離が近いアジア地域は、日本企業が海外進出する際に、諸外国と比較すると、比較的容易な地域であることがいえる。

　2011 年の経済産業省 BOP ビジネス支援センターの調査によると、日本企業の興味のある BOP ビジネスの対象国としてインド、インドネシア、そしてバングラディッシュが上位にあがった（日経 BP 社［2013 a］[16)]）。インドに関してはスズキ自動車や日産自動車が進出しており、スズキは高いシェアを誇っている。日産はインド以外にも新たにミャンマーに 2015 年に進出するなど、競合するトヨタやホンダと比較し 1999 年のルノーとの統合以前から海外展開をしている（日経 BP 社［2013b］[17)]）。

　企業が BOP 市場を開拓する上で進出先のマーケティング活動を行うことはとても重要であるが、それと同時にその地域のインフラの事情など、複合する様々な問題をクリアにしていく必要がある。こうした中で現地のことをよく知る NPO 機関（Non-profit Organization）[18)] との連携をとることが、一つの鍵となってくる。途上国のコミュニティのニーズに対応しその地域に相応した活動をしている NPO は、経営の四つの資源のうちの一つ、情報をたくさん持つ団体で

あり、民間企業がNPOを活用することはBOPを進める上で重要であると考える。

つまり、NPOがコミュニティに密着して活動しているが故に、ニーズをより深く把握している。BOPビジネスでは企業がNGO（Non-governmental Organizations）[19]の要請にどれだけ対応し、いかにNGOに協働していくかが重要である（長坂［2010］[20]）。しかし、日本企業とNPOとの連携がうまくなされていないという指摘があり、今後、営利追求の企業と非営利組織であるNPOとの間のタイアップが求められる（みずほ総合研究所［2010］[21]）。

また、営利企業とNPOとの間に、途上国や新興国での活動の目的として慈善活動をメインに行うか、また営利活動をメインに行うかといった目的に対しての姿勢にズレがあるために、営利企業の現地のニーズの拾い方が、完全に現地のニーズに見合ったものではなくなってしまう危険性もある（長坂［2010］[22]）。そのため常日頃からNPOと企業との間で密に話し合いを行い調査していくことが必要と考えられる。

こうした中で日本企業が、BOPビジネスに取り組む必要があるのには、**図表9-1**が示すように成熟した市場において、中長期的な成長を見込むためには、新たな市場を開拓しなくてはならないからである。

2-2. マネジメントとBOPビジネス

日本企業がBOPビジネスに取り組む上で、マネジメントが大きな問題となってくる。まずBOPを受動的CSRから戦略的CSRの流れの中で、企業の内部では大きな変革が求められる（曹［2012］[23]）。BOPビジネスに関してはBOPビジネスそのものに、企業にとって新たな市場を開拓することなどのリスクが伴い、マーケティング活動などあらゆるコストが伴う。日本企業にとって大きな問題なのが、コミュニケーションや日本の雇用制度などの問題である。

白木［2013］[24]によるとアジア地域に進出している日系企業で働く現地従業員2,192人の有効回答から、日本人トップマネジメント、ならびにミドルマネジメントの現地の商習慣を理解しているかどうかの評価が比較的低いことが指

図表9-1　グローバル企業と開発援助機関の接点に関する考え方

■　BOPビジネスを官民が連携して進めることにより、開発援助機関と民間企業の双方がメリットを享受しながら社会的課題の解決を達成することが可能となる。

開発援助機関のメリット
BOPビジネスは、民間企業の資金や技術を活用して、途上国における社会的課題の解決を達成するものである。開発援助機関がBOPビジネスを側面支援することにより、社会的課題を効率的に解決することが可能となる。

民間企業のメリット
BOPビジネスは、民間企業が途上国において、社会的課題の解決と収益性の確保を両立する取り組みである。官民連携により、この取り組みをより円滑に進めることが可能となる。さらに中長期的には、貧困層がより上位の所得層に移行していき、莫大な購買力（ボリュームゾーン）の獲得等、ビジネスチャンスが拡大する可能性がある。

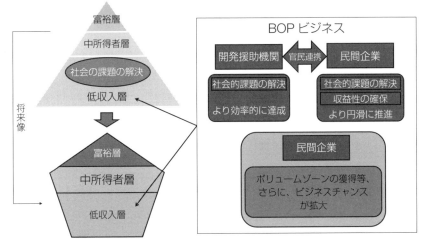

出所：経済産業省（平成21年8月）[25]

摘されている。

　また、対外交渉力、あるいは人脈の形成といったところでも同時に低い評価をされている点は、実際の現地の人たちのビジネスを展開する上では大きな障害となる。現地採用者の管理職登用数は低く、日本からの日本人駐在員の割合が高い傾向にある。70％超の会社が本社との意思疎通を円滑にするためと回答している。企業にとって駐在員を送り込むことは手厚い手当を伴うなど経済的負担が大きいのは否めない。現地人の管理職の採用率は年々増加傾向にあるものの、諸外国と比較すると相対的に低い（白木[2013][26]）。現地人を採用して

も、公正な人事考課が成されないことには、やりがいを持って仕事に取り組むことができないといった問題が生じると考えられる。国籍や性別、年齢に左右されずに多様な人材を活かしたダイバーシティマネジメントの考えのもと、日本企業が今後 BOP ビジネスにおいて成功していく一つにマネジメントが重要になってくるのではないかと考える。

2-3. BOP ビジネスの今後の展望

　今後 BOP ビジネスはますます重要なビジネスチャンスをはらんでいる。貧困層市場で成功する四つのビジネスの基本的戦略は、① BOP のニーズを満たすユニークな製品、サービス、技術で BOP 市場に集中する、②フランチャイズや代理店方式によって価値の創造を現地化する、③資金面や物理的側面において商品やサービスの購入を可能にするビジネスモデルを創る、④ NGO や多様な利害関係企業と斬新なパートナーシップを構築することであり、ここでいう斬新なパートナーとは、現地政府や起業家、NGO に広がる。

　先に指摘したように日本企業と NPO との連携はまだ十分になされておらず、今後、交流が発展することを期待したい。③においては一般的に日本製品が高度製品であり、生産コストが高いという特徴がある。

　また、日本企業が BOP ビジネスを成功させるためのポイントとして①確固たる理念、②強い使命感、③長期的視点、④現場主義、⑤高品質な製品、サービスがある（菅原 [2010][27]）。③においては途上国の発展に寄与する、というBOP ビジネスの側面や現地固有の事情を加味することや、新たな市場展開をするといったことを考え短期的な利益追求ではなく長期的な企業と途上国との関係を築くことを指している。

　そして、④においては、本社の意向のみならず、現地の人材に権限を委譲し現地に円滑なビジネス展開できる環境を整えることが必要であろう。そのために物価の安い新興国では日本企業が薄利多売のビジネスモデルを強いられ、そのためには大きなニーズを掘り起こさなくてはならない。国連のミレニアム開発目標を着実に達成すべく遂行して行けるように日本国内の環境、ならびに海

外への進出をぜひ期待したい。

まとめ

　近年、世界では BOP ビジネスに注目が集まっており、各国では様々な取り組みが行われている。また、BOP ビジネスは途上国への援助、貧困削減、生活向上と持続可能な取り組みなどに繋がるため、経営倫理にも深く関わる。

　日本では、企業が成長を続ける企業の競争優位性を取るため、BRICs に代表される新興国や発展途上国を対象としたビジネスを取り込みながら、現地における様々な社会的課題の解決に力を入れ、新たなビジネスモデルを目指している。また、BOP 層の貧困削減・それぞれの国や地域で、その実情が大きく異なるために、BOP ビジネスを企業の戦略として NGO・NPO との連携が欠かせない。

注

1) 　アウトソーシング（outsourcing）とは、国内・国外を問わず、従来は組織内部で行う業務や新規のようなビジネスプロセスについて自社で行ってきたが、それを子会社や協力会社、業務請負会社などの独立した外部組織から労働サービスとして購入する契約であり、外部委託と言い換えられる。

2) 　BOP ビジネス（Base of the Pyramid）とは、年間所得 3000 ドル（約 30 万円）以下の低所得の途上国を対象とした持続可能なビジネスである。例として、低所得の途上国に向け、生活必需品とサービスを提供し、社会的課題を解決しながら利益を確保することである。日本では、2010 年に経済産業省が「BOP ビジネス支援センター」を設立した。

3) 　曹[2012]「受動的 BOP ビジネスから能動的 BOP ビジネスへ：住友化学の事例をもとに」『国際ビジネス研究』4（1）：pp.1-17。

4) 　インクルーシブビジネス（Inclusive Business）とは、2005 年に WBCSD（持続可能な開発のための経済人会議）によって、ビジネスのバリューチェーンの中に発展途上国における主に BOP を対象としたビジネスにおいて用いられる。貧困の地域社会では事業の発展だけではなく地域全体の発展を目指すビジネスということである。

5) 　pwc Japan[2013]新興国進出（CSV/インクルーシブビジネス/SDGs ビジネス）支援関連サービス『成長する低・中所得層 ～動き出す 40 億人、500 兆円規模の市場～』[http://www.pwc.com/jp/ja/service/assurance/sustainability/BOP-inclusive-business.html]（参照 2020 年 1 月 23 日）

6) 　みずほ総合研究所［2010]『BOP 市場は日本企業の新たな市場となるのか～ BOP ビジネスにおける 3 つの疑問の検討～』[http://www.mizuho-ri.co.jp/publication/research/

pdf/policy-insight/MSI100209.pdf]（参照 2020 年 1 月 23 日）

7)　　ODA（Official Development Assistance）とは、先進工業国の政府および政府機関は発展途上国の経済発展や現地の人々の生活水準を向上するために発展途上国に対して行う政府開発援助のことである。

8)　　高岡・水村［2013］「国連ミレニアム開発目標達成に果たすビジネスの役割と課題」『和歌山大学 経済理論』374：pp.37-59。

9)　　ミレニアム開発目標（Millennium Development Goals: MDGs）とは、ミレニアム目標とも呼ばれ，国際会議やサミットで 1990 年代に採択された国際開発目標と国連ミレニアム・サミットで 2000 年に採択された国連ミレニアム宣言を統合していた共通の概念である。

10)　　曹［2012］『受動的 BOP ビジネスから能動的 BOP ビジネスへ：住友化学の事例をもとに』国際ビジネス研究 4（1）：pp.1-17

11)　　菅原［2010］「BOP ビジネスの源流と日本企業の可能性」『国際ビジネス研究』2（1）：pp.45-67

12)　　SRI（Socially responsible investment）とは、社会的責任投資あるいは社会的投資、倫理的投資などであり、株主のような資産運用の投資先が自分の立場と権利を利用し、企業の社会的責任（CSR）への公正性に対する取り組み。それが評価の基準に含まれる投資手法である。

13)　　経済産業省［2013］『ダイバーシティ経営戦略』。

14)　　TOPIX［2013］『平成 24 年度株式分布状況の調査結果について』平成 25 年 6 月 20 日版（参照 2020 年 1 月 23 日）。

15)　　みずほ総合研究所［2010］『BOP 市場は日本企業の新たな市場となるのか～ BOP ビジネスにおける 3 つの疑問の検討～』。
　　［http://www.mizuho-ri.co.jp/publication/research/pdf/policy-insight/MSI100209.pdf]（参照 2020 年 1 月 23 日）

16)　　日経 BP 社［2013a］Nikkei BP Asia Biz（2013 年 2 月 1 日）。
　　［http://www.nikkeibp.co.jp/article/asiacolumn/20130130/338588/?P=1]（参照 2020 年 1 月 23 日）。

17)　　日経 BP 社［2013b］『日産がミャンマーで自動車生産、マレーシア企業に委託』（2013 年 9 月 21 日）。
　　［http://www.nikkeibp.co.jp/article/news/20130921/366119/?ST=asia_headline]（参照 2020 年 1 月 23 日）

18)　　NPO 機関（Non-profit Organization）とは、日本では 1998 年に特定非営利活動促進法に基づいて特定非営利活動を行う機関である。

19)　　NGO（Non-governmental Organizations）とは、国内と国際を問わず、民間人や民間団体を成り立ていた非政府の組織と機構である。

20)　　長坂［2010］「BOP ビジネスと NGO, CSR= 企業と NGO の新しい関係（その 3）」季刊国際貿と投資 Summer 2010/No.80：pp.51-70。

21)　　みずほ総合研究所［2010］『BOP 市場は日本企業の新たな市場となるのか～ BOP ビジネ

スにおける 3 つの疑問の検討～』。

[http://www.mizuho-ri.co.jp/publication/research/pdf/policy-insight/MSI100209.pdf]
（参照 2020 年 1 月 23 日）

22)　　長坂 [2010]「BOP ビジネスと NGO, CSR ＝企業と NGO の新しい関係（その 3)」季刊国際貿と投資 Summer 2010/No.80：pp.51-70。

23)　　曹 [2012]『受動的 BOP ビジネスから能動的 BOP ビジネスへ：住友化学の事例をもとに』国際ビジネス研究 4（1)：1-17

24)　　白木 [2014]『グローバル・マネジャーの育成と評価』早稲田大学出版部。

25)　　経済産業省 [2009]「BOP ビジネスの現状とこれまでの取り組みについて」。

[https://www.fasid.or.jp/_files/library/kaigou/present90_01.pdf]（参照 2020 年 1 月 23 日）

26)　　白木 [2014]『グローバル・マネジャーの育成と評価』早稲田大学出版部。

27)　　菅原 [2010]「BOP ビジネスの源流と日本企業の可能性」『国際ビジネス研究』2（1)：pp.45-67。

参考文献

・Prahalad C. K.［2010］*The fortune at the bottom of the pyramid: eradicating poverty through profits*, Pearson Prentice Hall.（スカイライトコンサルティング株式会社訳『ネクスト・マーケット』[増補改訂版], 英治出版 , 2010 年)

・pwc Japan［2013]新興国進出（CSV/インクルーシブビジネス/SDGs ビジネス）支援関連サービス『成長する低・中所得層 ～動き出す 40 億人、500 兆円規模の市場～』

[http://www.pwc.com/jp/ja/service/assurance/sustainability/BOP-inclusive-business.html]（参照 2020 年 1 月 23 日)

・TOPIX［2013]『平成 24 年度株式分布状況の調査結果について』平成 25 年 6 月 20 日版（参照 2020 年 1 月 23 日)

・経済産業省［2009]「BOP ビジネスの現状とこれまでの取り組みについて」

[https://www.fasid.or.jp/_files/library/kaigou/present90_01.pdf]（参照 2020 年 1 月 23 日)

・経済産業省 [2013]『ダイバーシティ経営戦略』

・白木三秀 [2014]『グローバル・マネジャーの育成と評価』早稲田大学出版部

・菅原秀幸 [2010]「BOP ビジネスの源流と日本企業の可能性」『国際ビジネス研究』2（1)：pp.45-67

・曹佳潔 [2012]「受動的 BOP ビジネスから能動的 BOP ビジネスへ: 住友化学の事例をもとに」『国際ビジネス研究』4（1)：pp.1-17

・みずほ総合研究所 [2010]『BOP 市場は日本企業の新たな市場となるのか～ BOP ビジネスにおける 3 つの疑問の検討～』

[http://www.mizuho-ri.co.jp/publication/research/pdf/policy-insight/MSI100209.pdf]（参照 2020 年 1 月 23 日)

・高岡伸行・水村典弘 [2013]「国連ミレニアム開発目標達成に果たすビジネスの役割と課題」

『和歌山大学 経済理論』374：pp.37-59
・長坂寿久[2010]「BOP ビジネスと NGO, CSR= 企業と NGO の新しい関係（その 3）」季刊国
　際貿と投資 Summer 2010/No.80：pp.51-70
・ 日 経 BP 社[2013a]Nikkei BP Asia Biz（2013 年 2 月 1 日 ）[http://www.nikkeibp.co.jp/
　article/asiacolumn/20130130/338588/?P=1]（参照 2020 年 1 月 23 日）
・日経 BP 社[2013b]『日産がミャンマーで自動車生産、マレーシア企業に委託』（2013 年 9
　月 21 日）
　　[http://www.nikkeibp.co.jp/article/news/20130921/366119/?ST=asia headline]
　　（参照 2020 年 1 月 23 日）

第10章

非市場戦略に基づいた価値創造
― 中国市場における日系企業の実践

【要旨】

　現在の中国は持続的な経済成長、環境保護、社会的安定の三つのバランスを維持するための取り組みとして、純粋な経済成長のみに目を向けるのではなく社会的問題の解決にも優先順位を置くことに基づいた政治的イデオロギーを編み出した。中国社会では、国家構築の過程で経済成長を重視してきたが、それによって生じた社会的問題に対処する必要性が自明となったことで重要な転機を迎えている。中国に進出している日系企業[1]は、中国市場における競争を優位に進めるために、このような政策への理解は欠かせない。また、中国社会の上記のようなイデオロギー的転換によって引き起こされた急速な変化は日系企業にとってリスクが高い事象であることに疑いはないが、同時に中国市場において日本企業がさらに成長し、より良い企業イメージを築く機会を提供しているともいえる。

　そこで本章では、このような状況下において、中国市場に進出する日系企業の戦略的課題が経済的な競争力の確保のみならず、環境保護や社会の安定的発展に向けた社会貢献であることを示す。そのために、中国市場に展開する日系企業の社会貢献活動の実態を把握し、欧米企業の社会貢献活動と比較した上で、日系企業の社会貢献に関する問題点と今後の課題を明らかにする。これまで非市場戦略[2]を推進するという観点からの中国市場における日系企業の研究については、社会貢献と中国の「和諧社会（社会主義和諧社会）」[3]の実現を結びつけた比較分析はほとんど行われておらず、この実証研究は数少ない考察の一つである。

キーワード：非市場戦略、市場戦略、社会貢献、日系企業、和諧社会

第1節　日系企業が直面している中国市場

　日本と中国は、地理、文化、そして経済の観点では近いものの、政治および思想などの面で大きく異なる。特に、第二次世界大戦の負の遺産は事実上、両国を引き離し、今日に至るまでの中国の反日感情の引き金になった。このような要因により、中国市場でビジネス拡大を狙う日系企業は、「中国社会主義市場経済」[4] という非常に政治色の強い環境と向き合うこととなった。また、反日感情は別として、中国は現在、「和諧社会（社会主義和諧社会）」の建設という改革開放路線の根本的な見直しを図る国家戦略の過渡期にある。改革開放路線は、一部の地域が先に経済発展することで最終的に全地域が共に豊かになるというものであったため、地域間の格差、国民間の貧富の格差を拡大させ、環境破壊といった体制矛盾を深刻化させたという一面を持つ。これに対し、中国政府は経済発展の優先から、むしろ社会的問題の解消へと政治的イデオロギーを展開させた。このように、中国が和諧社会の実現へと舵を切ったことに伴い、中国市場をターゲットとする日系企業は、中国の国内企業や他の多国籍企業との競争のみならず、意義ある社会貢献[5] をすることで中国市場からの信頼を獲得し、中国における企業イメージの向上を図ることも余儀なくされるだろう。

　中国社会において、日系企業は上記のような新たな問題、および機会に直面する中で有効な解決策をつくり出すために、従来の市場理論に基づく観点を改め、非市場理論を整理し、実効性を確かめる必要がある。実際、一部の日系企業は中国市場の消費者ニーズを満たすことに重点を置き、従来の価格・品質等の要素に加え、新たに中国社会に対し、社会貢献といった面を考慮し始めている。このように、かつて高度経済成長期の日本が直面した課題は、現在の中国においても新たな課題となっている。中国市場では、社会貢献によって良い企業として市民に受け入れられてこそ初めて、消費者からの支持を獲得してシェアの拡大が可能となるだろう。その方策の一つが社会主義市場経済に適応する「非市場戦略」という概念であろう。

第 2 節　非市場理論とは

2-1. 非市場の概念

　まず、非市場という概念を簡単に述べる。非市場という概念はアルバート・O・ハーシュマン（Albert Otto Hirschman）[6] が『The Strategy of Economic Development』において初めて提唱した。彼はすべての組織の崩壊が非市場の力、すなわち政治規制により修正改善できると主張した。市場理論のように市場の取引、供給や需要に関わる緊密的な関係と違い、非市場理論はとても複雑なシステムである。非市場とは、市場に秩序的な内外部要素を提供でき、この要素が市場を有効に動かし、市場に存在する欠陥を補えるものであるといえるだろう（Hirschman [1958]）。

　従来は、市場理論によって政府の市場への関与や、社会の発展と進歩に伴う環境保護、ビジネス信用、消費者権利保護等の社会問題が議論されてきた。非市場理論は、これらの社会公衆の問題とより関連が強いものであるから、さらに議論を深めることができるだろう。このような状況の中で、企業の経営者は市場外部環境の変化を認識し、企業の社会的責任も重視しはじめた。現在、企業経営を取り巻く環境は、技術革新による時間や空間的な距離の短縮、市場開放による貿易自由化の進展、新興国の発展等に伴い、市場規模がグローバルに拡大されている。このようなグローバル化[7] の下では、伝統的な市場戦略[8] 理論だけでは競争優位を維持しにくく、企業は非市場戦略の要素を考慮する必要に迫られるといえる。

　例えば、2006 年にはアメリカのネット検索最大手グーグルがグローバル化進展のため中国市場に参入した後、中国市場でのシェアを 30% 以上にまで高め、中国の事業者「百度」[9] に次ぐ 2 位にまでシェアを伸ばした。しかし、2010 年 1 月の中国政府による厳しいネット検閲に加え、民主化や少数民族問題など中国政府の望まない情報を非表示にするという自主検閲を受け入れたた

め、グーグルはアメリカ議会の公聴会で集中砲火を浴びた。その後、中国政府との交渉がうまくいかず、グーグルは同年3月22日に正式に中国市場から撤退し、中国の広大な市場と膨大なユーザーを失ってしまった（NHK放送文化研究所［2010］）。この問題の原因は競争相手ではなく公衆、利益集団および政府と法律システムであった。このためグーグルは深刻な影響を受け、大きな損失を出した。当時のグーグルは米中からの圧力を受け、板ばさみの状況にあった。非市場環境の重要性を認識していなかったと断言することはできないが、非市場環境の重要性を示す典型的な事例といえるであろう。

　一方、非市場の影響の重要性を認識し、対応していった好事例として京セラの取り組みが挙げられる。京セラは中国西部開発を支援するために、2001年、創業者である稲盛和夫氏個人と京セラ株式会社が共同で100万ドルを出資し、「稲盛京セラ西部開発奨学基金」[10] を設立した。中国西部地区において、品行方正で学業も優秀であり、経済的に困窮している大学生を対象に、資金面での支援を行っている。さらに、稲盛氏の経営理念を発信するために創立された"盛和塾"[11] も、中国で大きな人気を集めた。これにより、今日まで中国で3,600名程の塾生を集め、中国企業管理者の悩みに対して、貴重な経験を提供している。さらに、稲森氏は2004年6月、外国人として初めて中国光明日報[12] が主催する「第1回光明公益賞・最優秀個人賞」を受賞した。京セラが中国で大きく売り上げを伸ばしているのは、こうした非市場環境を重視している経営であることもその一因ではないだろうか。

　こうしたことから、企業は短期利益追求の側面だけでなく持続的発展に向けたステークホルダーとの関係性を意識した信頼構築等の非市場戦略の側面を重視する必要があることが分かる。特に、新興国においては「非市場」に関する研究は企業の戦略を構築する上で不可欠なテーマとなった。

▎2-2.「非市場環境」と「非市場戦略」

　まず、非市場環境の概念を述べる。デイビット・P・バロン（David P. Baron）[13]［2013］は市場環境が、競争者、サプライヤー、顧客等の要素から形成

図表 10-1　市場環境と非市場環境の比較

分類	市場環境	非市場環境
定義	マクロ経済要因、競争者、サプライヤー、顧客等の要素から形成された企業の外部環境	公衆、株主、政府、マスコミおよび公共機構等の要素から形成された企業外部環境
構成部分	Porter[1998]が定義した五つの競争力	政治、制度、歴史、文化等
遵守のルール	経済交換制度での一致賛成、私有協議および公平の原則等	公共制度での多数裁定、集団行動および公衆事務原則等
参加者	経済交換取引における参加者等	市場の参加者以外に政府役員、利益組織、マスコミ（メディア）および公衆等
行動の性質	自由意志、個人利益	他人への影響力、公衆利益を提供、より広範囲の団体への影響力
重要要素	資源承諾	正当性と社会の承認
業績評価の変量	利潤と価値の創造により評価	倫理原則等で広範囲の変量で評価

出所：Porter[1998]、Baron[2013]により筆者作成。

された企業の外部環境であり、その特徴としては需要の特性、競争の緯度、市場競争の規則、コスト構造、技術革新の特性とスピードなどによって決定するものだと述べた（Baron[2013]）。さらにバロンは、企業が市場環境を重視するように非市場環境も重視しなければならないとも述べた。非市場環境は政府、マスコミおよび公共機構等の相互作用である。その特徴は企業と政府、社会公衆およびマスコミ等の利益相関者間の関係によって決定されるものである（Baron[2013]）。バロンは非市場環境の特徴を 4I[14] で説明した。市場環境と非市場環境の比較を Baron[2013] と Porter[1998] の理論に基づき、筆者が**図表10-1**のように整理した。

　次に、市場戦略と非市場戦略の概念を述べる。市場戦略は主に Porter[1998] が提出した「顧客を獲得し、競争相手に打ち勝つ直接的な戦略」であり、主に、コストリーダーシップ戦略、集中戦略、差異化戦略等がある。市場戦略に基づいて企業は各々、自らの経済環境や市場に適応する市場戦略を創り出し、激し

図表 10-2　市場戦略と非市場戦略の比較

分類	市場戦略	非市場戦略
戦略目標	企業経済業績の改善	企業全体的な業績の改善
戦略と環境の関係	戦略は市場環境の構成と動きおよび企業能力により制定	戦略は企業の非市場能力および市場と非市場環境の特性により制定
戦略採用の過程	外部環境分析、内部環境分析、戦略制定と選択、行動対策制定と執行＆フィードバック	事項感知、事項分析、選択および執行

出所：Porter[1998]、Baron[2013]により筆者の作成。

い市場競争の中で優位を確保した[15]。一方で、非市場戦略とは企業が政府、金融機関、マスコミ、専門学者、非営利機構、公衆等の利益相関者が形成した外部環境の中で制定した自社の長期的な存続を有利にする戦略である（Baron[2013], p.32)。市場戦略と非市場戦略の比較を Baron[2013] と Porter[1998] の理論に基づき、筆者が**図表 10-2**のように整理した。

　伝統的な戦略管理理論では市場戦略を中心とし、市場環境を基にした分析が中心であった。しかし、市場競争のルールは主に政府部門や非市場参加者によって制定されるものであり、市場競争によって企業が得る結果に直接的な影響を与えるとされる。市場戦略より複雑、広範囲な非市場戦略の研究において、学者らも様々な角度から研究を行っている。先行研究の参考文献をまとめると非市場戦略の研究はマクロ的な視野で、外部環境を重視する制度理論、特定資源への依存性を重視する資源依存理論および政府と企業の関係を重視する委託代理理論の三つの領域に分けられる（**図表 10-3 参照**)。

　一つ目に制度理論である。この理論は非市場戦略研究領域で広く応用されている。制度理論の観点から企業の非市場行動を見ると、企業が位置している外部環境、例えば、政治、文化、公衆などはすべて企業の競争資源であり、一種の制度資源ともいえる。企業は非市場戦略の実施により正式または非正式的な制度資源を獲得する。また、非市場行動によって企業は潜在的な体制問題を緩和し、制度資源を利用して有利な新しい体制環境を創り出し競争優位性を確保する。

図表 10-3　非市場戦略における三つの領域と三つの分類

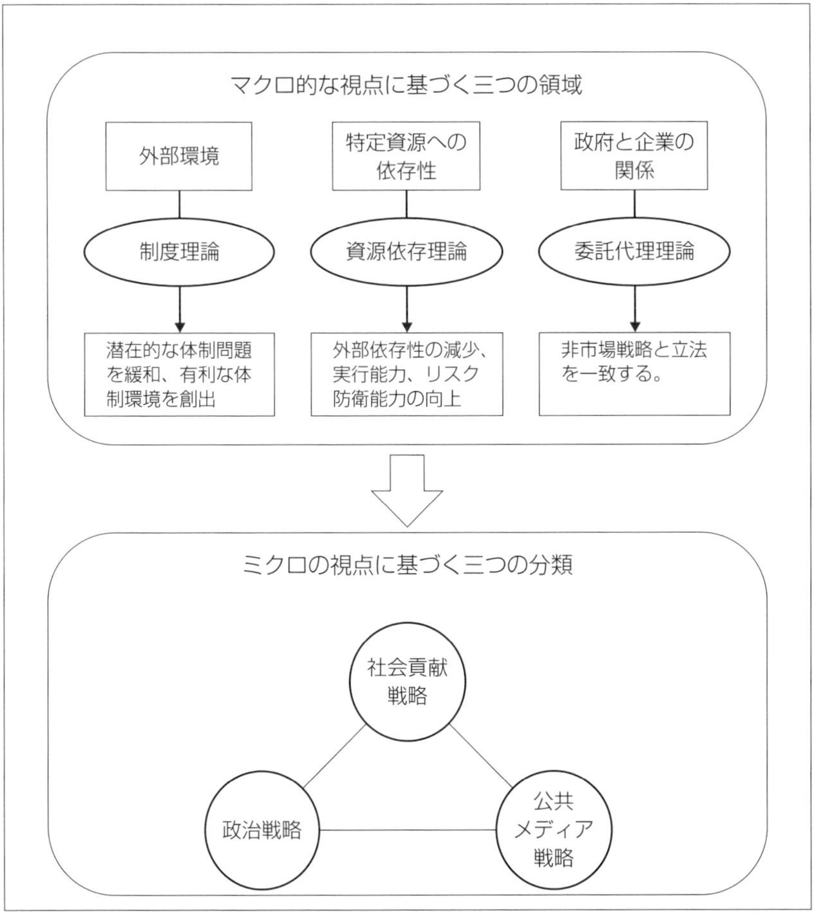

マクロ的な視点に基づく三つの領域

外部環境	特定資源への依存性	政府と企業の関係

制度理論	資源依存理論	委託代理理論

潜在的な体制問題を緩和、有利な体制環境を創出	外部依存性の減少、実行能力、リスク防衛能力の向上	非市場戦略と立法を一致する。

ミクロの視点に基づく三つの分類

社会貢献戦略

政治戦略　　公共メディア戦略

出所：先行研究をもとに筆者作成。

　また二つ目に資源依存理論である。資源依存理論によると、企業の資源は異質性があり、多くの資源は市場で自由に取引できない。企業は自社が必要とするすべての資源を持つことはできず、資源と戦略目標の間に差が出ることとなる。この差のために組織の特定の資源への依存性が高まる。この理論から企業の立法、貿易保護、営業等の政府あるいは他の利益相関者の資源依存関係を分

析すると、企業の非市場行動は環境のコントロールや外部依存性の減少、実行能力やリスク防御能力の向上にも役に立つ重要な手段とみられる（Pfeffer & Salancık［1978］）。

　三つ目に委託代理理論である。委託代理理論によると、企業と政府の関係は企業側が公共政策の委託人の一人であり、政府は企業を含む様々な利益集団が公共政策の立法領域で活動する上での代理人である。企業側が充分な非市場資源を持ち、企業の行動と立法の性質が一致する場合は個体的な独立非市場戦略を選択する傾向がある（Jensen & Meckling［1976］）。

　前述の理論はやや古典的なものであるが、近年の金融危機や市場からの要望を受けて非市場に対する関心が増していることにより、最近になってバロンやトーマス・C・ロウトン（Thomas C. Lawton）、タジーブ・S・ラジャワニ（Tazeeb S. Rajwani)等によって再度議論がなされるようになってきた[16]。それによると、非市場戦略はさらにその対象および内容からミクロの視点で、政治戦略[17]、公共メディア戦略[18]、社会貢献戦略に分けられる（**図表10-3**）。特に、社会貢献戦略では、企業の社会的責任は非市場戦略の一部だと考えられる。前述の通り、Baron［2013］は、社会的責任が一般市民、活動家、行政関係者、利害関係者等に非市場問題を気づかせるもので、非市場要素の中で最も重要な要素だと考えている（Baron［2013］）。

　以上、既存研究による非市場理論の整理・戦略の分類を行った。次節では、中国市場における日系企業の非市場戦略の実施状況と市場での成功・失敗の関連性を検討する。これは、日系企業の「非市場戦略」に関する認識を高め、中国市場での持続的発展の一助になることを目指すものである。

第3節　中国市場における日系企業の非市場戦略

3-1. 非市場戦略の重要性

世界市場、経済環境のめまぐるしい変化の中、中国も改革開放により大きく

変容し、新しい経営環境である中国特有の社会主義市場経済が形成された。これにより、中国の新市場における既存の問題点を改善しながら、また新たな問題、特に非市場に関連する問題に対処する必要性が生じた。例えば、ニコンはサービスセンタースタッフの顧客対応の不手際により大きな損害を被った。ニコン D600 は 2012 年 9 月にニコンが発表したフルサイズ一眼レフデジタルカメラ[19] である。しかし、新商品として発売後、ユーザーが D600 で撮った写真に黒点が見られることを発見した。ニコンの上海サービスセンターのスタッフは、「大気汚染のせいだ、ちょっと塵が出るかもしれないが、それは仕方がないでしょう」と説明し、責任を逃れた（ダイヤモンドオンライン［2014］）。アメリカにおいても同様の問題が起こったが、そこでは返品、新モデルに交換ができる。リコールが実施されないことに絶望した中国の D600 ユーザーは、「ニコン製品を断る」という声を上げ、ついに、2014 年の 3 月には中国で最大のマスコミ CCTV の番組で報道された。この影響でニコンの中国市場での売り上げは 2014 年 3 月期に約 1,415 億円だったのに対し、翌年同期には約 1,206 億円と約 15 ％減少した。

　中国の消費者から見ると、日系企業の影響力、認知度、評価は欧米系企業と比べて総じて低い。これは、1980 年代から長い間、中国における日系企業の賃金が欧米系企業より低かったことも一因であるが、主な要因は、日系企業の事業展開、販路拡大や人材確保などが軒並み成功しておらず、さらに日系企業が中国市場で様々な事件・不祥事を起こし、その対応に不手際があったと一般的に認識されているためと考えられる。このような対応力の低さによって連鎖反応が起こり、日系企業のイメージダウンに繋がった。差別待遇により中国消費者を軽視していると見なされる行為、商品の欠陥や品質問題などがあり、さらに広告やブランド名は中国文化、社会習慣との矛盾や不具合により、「不尊重」、「失礼」と厳しく批判されることもあり、また、日本企業が本国や他国で起こした不祥事も日本企業のイメージダウンに繋がっている。

　さらに、中国における日系企業のイメージは中国で行う社会貢献とその宣伝にも関連する。一部の企業は社会貢献を積極的に展開しているが、宣伝の不手

際により中国ではあまり認知されていない。しかし、このような様々な問題は
すべて非市場戦略の実施によって解決され得る。そのため、非市場戦略の重要
性を早く認識し、明確化すれば企業の業績にも必ず大きな影響を与えるだろう。

　日系企業、特に日系メーカーは技術や品質に誇りを持ちながらも、競争の要
素を深く掘り下げておらず、また政治・文化のような外部環境に対応する必要
性を認識できておらず、赤字経営に陥り、中国市場からの撤退を余儀なくされ
るケースもある。日系企業は非市場に対してはまだ認識不足であるともいえる。

3-2.　実践手段としての社会貢献

　日系企業の多くは、2012年、特に日本政府の尖閣諸島3島の国有化以降に
中国の各都市で行われた反日デモと、それに伴う対日感情悪化の状況に対応し
て中国事業の戦略を再検討し、投資計画の一時中断・中止を行うなど慎重な姿
勢に転じた[20]。中国における反日感情の高まりが日本そのものに対するイメー
ジを低下させ、さらに日系企業に影響を与えていることも中国特有の事情であ
ろう。このため、中国を市場として相手にする日系企業の課題は急変する中国
市場において現地企業および他の多国籍企業との経営競争環境に対応するのみ
ならず、中国市場の対日感情を改善し、日系企業に対する好感度を高める必要
がある。なぜならば、日中関係の安定と日中友好の促進は中国で事業活動を行
う日系企業にとってビジネスに必要不可欠な前提条件となるからである。この
ような認識の広がりを受けて、中国市場における企業のプレゼンスを向上させ
るためにも、多くの日系企業は拡大されたステークホルダーとそれぞれの立場
で相互理解を促進し、国情や社会体制の違いを乗り越えて友好を深めていこう
との動きが広がっている。

　例えば、ダイキン中国[21]は、まだ中国市場での認知が進んでいなかった頃
から、自社の環境技術等を生かして中国の大学生の教育活動を支援し、学生の
自発性を喚起し、"イノベーション型人材"を育てることを通じて、中国との
良好な関係を維持する努力をしてきた。2017年9月19日には、「New Life
Style ダイキン内装コンテスト」を南京で開催したが、このコンテストには

100 人以上のデザインを学ぶ学生が集まり、奥深いコミュニケーションと、学習の機会を提供するものとなった。このように、ダイキン中国は中国社会との積極的な交流を展開し、今日では中国における環境保全、省エネルギー問題の解決に尽力している企業として幅広く認知されている。

　また、オムロンは、1996 年から 2000 年にかけて 5000 億円の資金を提供し、「オムロン中国教育基金」[22] を設立した。オムロンは、清華大学、同済大学などのような中国の自動化領域で強い技術力を持つ 30 程度の大学に、オムロンのオートメーションでの中核製品 PLC およびセンサーなどの最先端設備を含めた「オムロンの研究室」を寄付するとともに、オムロン奨学金を創設するなど、優れた研究教育環境をつくり上げた。さらに、オムロンは毎年 5 月 10 日を「企業市民活動日」と定め、その日にオムロングループのメンバーが社会貢献活動に様々な方法で参加することを通じて、中国社会からの信頼を得ている。

　上記の日系企業の社会貢献活動の背景には、「中国で作って輸出する」（Made in China）から「中国で作って中国で売る」（Sales in China）への経営方針の変更に基づく市場戦略が本格化し、中国市場からの信頼の獲得という本質的な意味での非市場戦略を進める戦略転換が求められていることがある。つまり、かつてある程度成功を収めた市場戦略は、中国における現在のビジネス環境下では日系企業が目指そうとしている「中国で売る」というビジネスには繋がらず、日系企業はそれにどう対処するのかという決断を迫られている。この観点から日系企業の中国市場における持続可能性を検討すると、いかに現地の環境に適合する経営基盤を構築し実現するかということも重要ではあるが、他方、現地企業としていかに中国社会に貢献し、良き中国企業市民として受け入れられるかという重要な非市場戦略に関する課題があると指摘できる。これは、日系企業が中国社会や中国市場からの信頼を獲得することによって、はじめて中国国民を消費者、顧客として囲い込むことができ、それによって効果的に新しい中国市場におけるビジネスを行えることになる。そして、社会的利益追求を通じて中国社会の発展や国民生活の向上にどう利益還元を図っていくかが、日系企業に対する評価の基準の一つになると捉えられ、さらに、このことが日系企業

図表 10-4　中国公益奨の評価基準

評価基準	評価基準の記述
示範性	積極的に社会貢献活動に参加し、社会の発展に対して示範性がある。
持続性	企業自身の社会貢献活動により、ある領域の社会貢献事業を促進し、持続可能な発展趨勢を作り上げる。
独創性	目的の明確化と適切な活動の選択。
適応度	行っている社会貢献活動は社会の発展、中国社会に適応するか。
誠信度	公約した社会貢献活動等を実現したかどうか。

出所：中国公益奨の公表データにより筆者作成。

の新しい中国事業の成否を握るカギといっても過言ではない。

第4節　日系企業における経営倫理実践の実証分析

4-1.　中国公益奨

　中国公益奨は、中国人民政治協商会議全国委員会、中華人民共和国民政部、中華人民共和国財政部、中華人民共和国商務部等の政府が主導する中国における多国籍企業の重要な社会的貢献を認識する目的で始まった唯一の表彰制度である。また、中国公益奨は、180社を超える多国籍企業を対象とする調査に基づき、2011年以来毎年表彰されるものであるため中国社会において認知度が高い。中国公益奨は、中国において最も規模が大きい社会貢献表彰式であり、商界、政界、学術界、マスコミ界、レクリエーション界より構成され中国で商業活動をしている企業の社会貢献を表彰する。中国公益奨は「示範性」、「持続性」、「独創性」、「適応度」、「誠信度」の五つの項目で企業の社会貢献活動を評価する。具体的な評価基準は**図表 10-4**の通りである。

　中国市場において社会貢献活動の促進と企業イメージの向上のために、多くの多国籍企業が多くの時間と労力をつぎ込もうとしている。また、2011年に中国において最も意義深い社会貢献活動をした多国籍企業を表彰する中国公益

図表 10-5　2011 年〜 2016 年中国公益奨の外資企業受賞分析

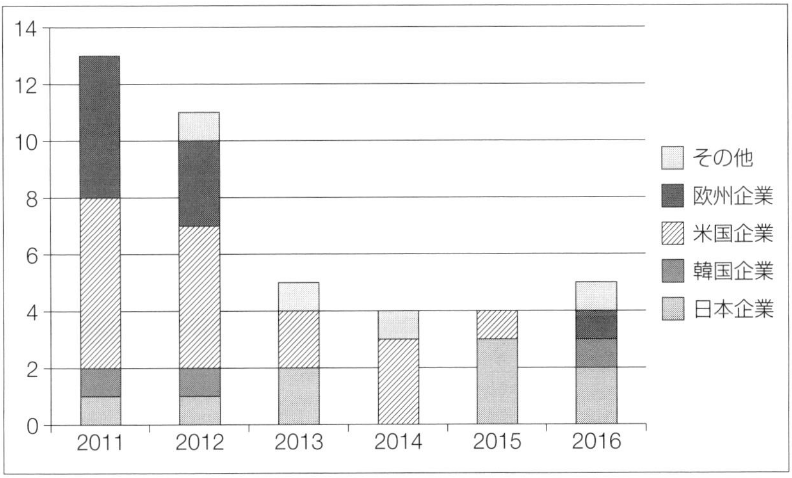

出所：中国公益奨の公表データにより筆者作成。

　奨が始まった。2011 年から 2016 年の間に中国公益奨を受賞した日系企業はほぼ毎年増えており、6 年間で合計 9 社に達した。それに対して、韓国企業は 3 社、アメリカ企業は 17 社、欧州企業は 9 社であり、アメリカ企業が社会貢献活動に注力しているといえる。中国公益奨の受賞は圧倒的に中国企業が占めるが、受賞外資企業の内では、約 40 ％はアメリカ企業であるのに対して日系企業の受賞は 21 ％に留まっている（**図表 10-5**）。この結果から日系企業は、7 ％の韓国企業に比べ優れており、21 ％の欧州企業と横並びの水準であるが、アメリカ企業は中国社会との関係構築において、はるかに先進的であることを示唆しており、日系企業にはさらなる向上の余地があると思われる。

　本節は中国公益奨の公表データを分析した上で、日系企業が中国における社会貢献活動の現状を明らかにした。分析した結果は現実に一致するかどうかを検証するために、筆者は北京に赴きフィールド調査を行った。次項で、フィールド調査に関する結果を述べる。

図表 10-6　中国における社会貢献活動の促進に関するフィールド調査の対象企業

	企業	順位	社会貢献
日系企業	日立（中国） 設立 / 場所：1993/ 北京	71	環境保護を促進しながら「地域社会では唯一の貢献をする」ことを焦点としている。
	パナソニック（中国） 設立 / 場所：1994/ 北京	110	中国・日本間における社会的・文化的コミュニケーション、松下奨学金、福祉と環境に焦点を置いている。
	ソニー（中国） 設立 / 場所：1996/ 北京	105	ソニー夢想教室、社会的少数派の援助、教育、慈善事業、スポーツ、環境に焦点を置いている。
	日本電気（中国） 設立 / 場所：1996/ 北京	437	環境保護に加え、中国・日本間における社会的・文化的コミュニケーションに焦点を置いている。
	富士通（中国） 設立 / 場所：1995/ 北京	237	国際コミュニケーション、教育、環境に焦点を置いている。
	キャノン（中国） 設立 / 場所：1997/ 北京	347	障がい者や教育の援助、福祉、教育、環境に焦点を置いている。
	三菱電機（中国） 設立 / 場所：1997/ 北京	262	国際コミュニケーション、環境に焦点を置いている。
欧米企業	IBM（中国） 設立 / 場所：1992/ 北京	81	価値ある商品で消費者サービスの向上、環境保護の強化に力を入れている。
	デル（中国） 設立 / 場所：1998/ 北京	124	教育、福祉、文化的コミュニケーションに焦点を置いている。
	ノキア（中国） 設立 / 場所：1995/ 北京	415	教育、中国の通信技術を向上させるために学生奨学金を提供している。
	マイクロソフト（中国） 設立 / 場所：1992/ 北京	69	社会格差の減少、文化的コミュニケーション環境に焦点を置いている。
	インテル（中国） 設立 / 場所：1995/ 北京	144	「人類への敬意」から様々な社会貢献活動を促進している。
	シスコシステムズ（中国） 設立 / 場所：1994/ 北京	187	異文化問題を解決するために、社会的・文化的コミュニケーションに焦点を置いている。
	エリクソン（中国） 設立 / 場所：1994/ 北京	419	市場シェアを拡張する戦略として社会貢献活動を促進している。

出所：2017 会計年度におけるグローバル 500 ランキングの調査結果に基づき筆者作成。

4-2.　フィールド調査対象

　筆者は、2017 年 7 月から 10 月にかけて北京に赴き、現地企業の広報担当者に対するヒアリング調査（以下「フィールド調査」）を行った。フィールド調査は、日系企業と欧米企業が中国で行った社会貢献活動を促進するための取り組みを比較することを目的とし、これらの企業が行う社会貢献活動が現地での経営パフォーマンスの向上のための積極的投資に当たるなか、企業の見方をより深く理解するためのものである。　比較分析の確度を高めるため、フィールド調査で 1990 年代初頭から半ばまで北京およびその周辺で業務を続けていた日本、欧州、アメリカ企業の中から「グローバル 500」企業を対象とした。調査対象は日系企業 7 社、アメリカ企業 5 社、欧州企業 2 社である（**図表 10-6**）。

4-3.　フィールド調査結果

　筆者が行ったフィールド調査においては、中国公益奨の評価基準である「示範性」、「持続性」、「独創性」、「適応度」、「誠信度」を主要な比較項目（**図表10-6**）とし、中国市場における日系企業と欧米企業が従事する社会貢献活動の差異を明確にすることを試みた[23]。フィールド調査では「示範性・持続性・独創性・適応度・誠信度」を比較項目としているが、非市場の「政府、マスコミ、公共機関等の間の相互作用」を測る指標であり、フィールド調査に基づき、以下では比較分析結果の主要部分を提示、分析する。

（1）示範性

　フィールド調査によると、中国において積極的な社会貢献活動を展開し、活動を主催した経験がある日系企業の割合は 28.5 ％である。それに対して、欧米企業の割合は 42.9 ％であり欧米企業のほうが社会貢献活動を主体的に実施している。また、積極的に参加する日系企業は 57.0 ％、欧米企業の割合は 57.1 ％である（**図表 10-7**）。

148

図表 10-7　積極的な社会貢献活動の展開状況

展開形式	日系企業		欧米企業	
	企業数	割合	企業数	割合
主催	2	28.5%	3	42.9%
参加	4	57.0%	4	57.1%
その他	1	14.5%	—	—
合計	7	100.0%	7	100.0%

出所：フィールド調査より、筆者作成。

図表 10-8　社会貢献活動の専門部署の設置状況

展開形式	日系企業		欧米企業	
	企業数	割合	企業数	割合
0	—	—	—	—
1-2	3	42.8%	1	14.4%
3-5	3	42.8%	3	42.8%
6-	1	14.4%	2	28.4%
回答無し	—	—	1	14.4%
合計	7	100.0%	7	100.0%

出所：フィールド調査より、筆者作成。

（2）持続性

　フィールド調査によると、日系企業と欧米企業ともに社会貢献活動の専門部署を設置している。従業員人数が 3〜5 人の企業は 42.8％で日系企業も欧州企業も同じ水準であるが、6 人以上配置している欧米企業の割合は 28.4％であるのに対し、日系企業の割合は 14.4％となっている（**図表 10-8**）。

（3）独創性

　フィールド調査によると、目的を明確化し、適切な活動を選択しているという企業の割合は欧米企業が 71.4％であるのに対して、日系企業は 57.0％となっ

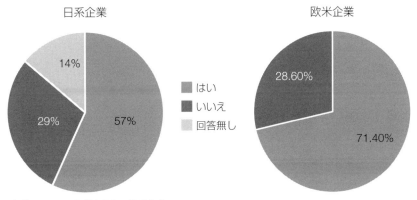

図表 10-9　目的の明確化と適切な活動の選択状況

日系企業

14%
29%
57%

はい
いいえ
回答無し

欧米企業

28.60%
71.40%

出所：フィールド調査より、筆者作成。

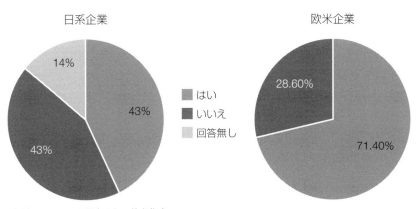

図表 10-10　行っている社会貢献活動の中国社会での適応状況

日系企業

14%
43%
43%

はい
いいえ
回答無し

欧米企業

28.60%
71.40%

出所：フィールド調査より、筆者作成。

ている（**図表 10-9**）。

（4）適応度

　フィールド調査によると、行っている社会貢献活動が中国社会の発展や中国社会への適応に資するという企業の割合は、日系企業が 43.0％であったのに対

図表 10-11　社会貢献活動の実現

展開形式	日系企業		欧米企業	
	企業数	割合	企業数	割合
0-25%	―	―	―	―
25-50%	2	28.6%	2	28.6%
50-75%	2	28.6%	1	14.3%
75-100%	3	42.8%	4	57.1%
合計	7	100.0%	7	100.0%

出所：フィールド調査より、筆者作成。

し、欧米企業は71.4％であった。また、中国社会への適用に対し、いいえを選択したのは日系企業が43.0％で、欧米企業が28.6％であった（**図表 10-10**）。

(5) 誠信度

　フィールド調査による、中国において公約した社会貢献活動等の実現の程度を**表 10-11** で示す。社会貢献活動の実現の程度が半分以下である割合は28.6％で日系企業と欧米企業は同じである。それに対して、75％以上公約を実現している欧米企業は57.1％であるのに対し、日系企業は42.8％である。

4-4. 経営倫理実践の事例

　以下では、前述のフィールド調査を行った企業の中から、日系企業の現状を理解するために、中国における日系企業の社会貢献活動への取り組み事例を紹介し、実際にどのような社会貢献活動を促進するための取り組みを行っているのかを検証する。

(1) ソニー

　「ソニー夢想教室」は、2013 年に「ソニー愛心助学工程」の基礎で展開したテクノロジー教育プログラムである[24]。タブレットコンピュータ、プロジェクターや他の機器を毎日の教育ツールとして提供するだけでなく、中央のグ

ループ、学校や他の利害関係者、従業員のボランティアと協力して、科学教育の分野でソニーの豊富な経験を活用した。

(2) 松下電器（パナソニック）

松下電器は 2009 年に、より良い企業の社会的責任を実現するために、「中国環境論壇 2009」で新たな社会貢献活動として「10 年以内 100 万人の子どもたちに環境教育を実施する」という内容を発表した[25]。主な活動として、地方の小学校に、パナソニックの社員は自社開発した教材を使用して授業を行った。2010 年 11 月以来、緑の生活環境の向上に焦点を当てた、地球温暖化、生物多様性、製造、環境保全活動環境技術に注力し、五つの新しいプログラムを増やした。2015 年から 2016 年まで、学生の視野を広げるために、インターンシップを提供する等のグローバルプロジェクトを始めた。

ヒアリング調査から、現在まで、日系企業は依然として「よい事をして名を残さない」ということを一つの美徳として堅持して、社会に戦略的にその貢献活動を宣伝しなかったということが判明した。しかし、以上の 2 社の実例から見て分かるように、日系企業は様々な社会貢献活動を行っているが、その戦略的な宣伝は見当たらない。日系企業は中国社会で社会貢献活動を展開するだけではなく、その上対外的な宣伝も必要であり、現地社会と企業との良好な関係を作り上げることではじめて良い効果を得られるという認識を持つ必要がある。

上記のように、日系企業の社会貢献活動の評価が中国政府、消費者など拡大されたステークホルダーを通じて現地経営に多大な影響を及ばすようになり、企業パフォーマンスに無視することのできない影響を与えつつある。また、そのような状況の下で社会貢献活動が実際に企業の現地経営にどのような影響を与えるかを理解し、把握するかが日系企業の非市場戦略の上で大きな課題となっている。

上記の比較分析では、欧米企業は社会貢献活動に関して、中国社会の潜在的

図表 10-12　日系企業の中国市場における社会貢献活動

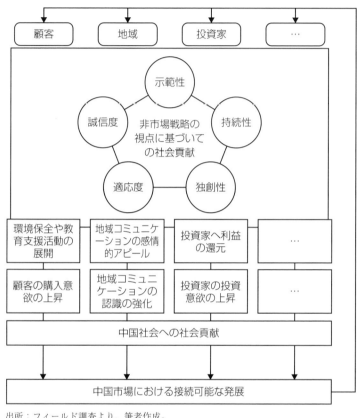

出所：フィールド調査より、筆者作成。

なニーズに目を向け、それを反映させている。日系企業と欧米企業との競争は
熾烈であるが、中国公益奨の受賞回数に象徴されるように、日系企業に比べて
欧米企業は現地での経営パフォーマンスの向上の中心要素として社会貢献活動
を優先し中国社会との良好な関係を構築しており、消費者の信頼を得ている点
で長けているといえる。中国公益奨の評価基準からみると、日系企業にとって
中国におけるより効果的な社会貢献活動を追求する上で、「示範性」、「持続性」、
「独創性」、「適応度」、「誠信度」という五つの要素が不可欠であると示唆して

いる。

　上記の5要素にわたる過程を実行することは、すなわち「顧客」、「投資家」、「地域コミュニティ」、「従業員」という重要なステークホルダーに効果的に働きかけ、中国市場の持続可能な発展成長に寄与し、ひいては中国の和諧社会の実現に貢献することに繋がるものと考えられる。**図表 10-12** は、環境保護や教育支援活動の展開をすることで顧客の購買意欲を向上させること、地域コミュニケーションの感情的アピールによって地域コミュニケーションの認識の強化を行うこと、投資家への利益の還元によって投資意欲を上昇させる等により、非市場戦略の視点に基づく社会貢献活動を行うことで中国社会への社会貢献を果たすことができ、ひいては中国市場における持続可能な発展を支えるものであることがまとめられた。上記の5要素にわたる過程を実行することができれば、日系企業は中国において成長し、良い企業イメージを築くことができるだろう。

まとめ

　日中両国は隣国であるにも関わらず、従来の歴史問題が両国の国民に深く影響を与えている。日本企業は中国市場において順調に商業活動を行うためには良い社会イメージを作らなければならない。また、積極的な社会貢献活動は競争優位の源泉に転換できる。中国市場で勝ち残るためには、日系企業は市場戦略を採用した上で中国市場に相応しい非市場戦略を適用させる必要がある。本書のテーマ設定と分析視座は今後の学界におけるグローバルトレンドを明示すると共に、引き続きさらなる議論とより高度な研究を促すことが多いに期待される。

　市場の概念と近代的制度・仕組みは欧米圏主導によるものであり、経営学においてもその学術的位相は圧倒的である。「非市場」戦略の概念には、既存のアングロサクソンモデルとは異なる基本思想や制度構築における研究の重要性と可能性ともども、さらなる注目が高まっている。中国の日系企業の目前には、厳然と中国という巨大な市場からの多大な期待が存在している。従来、日系企

154

業が重視してきた経済的利益追求という視点だけでなく、法令や基準を遵守し
ながら事業領域外での社会貢献を行う非市場戦略、すなわち、非市場における
中国社会への社会貢献の視点も必要である。企業の草の根レベルでの地道な社
会貢献活動への取り組みが重要であることはいうまでもないが、限られた経営
資源をいかに有効に活用し、中国市場で本当に求められている非市場戦略を推
進するかが、真の、そして新たな段階の市場戦略へ繋がると考える。

注
1)　日系企業とは外国で活動する日本企業、または資本の一定割合を日本企業が支配して
　　いる企業のことである。
2)　非市場戦略とは、ロビイング、国際ルール形成など市場外の取り組みを通じて企業が
　　競争優位を得る取り組みであり、市場を通じた交換ではなく、法規制などルールそのも
　　のを自社に有利にするための戦略である。
3)　和諧社会は、2004 年中国共産党第 16 回中央委員会第 4 回全体会議で提起された。す
　　なわち、矛盾のない調和のとれた社会のことを指す中華人民共和国のスローガンである。
　　成長と公平な分配、人間と自然の調和などを重視する方針であり、さまざまな社会的矛
　　盾への取り組みとして、和諧社会の建設は、国家戦略の根幹として位置づけられている。
4)　中国社会主義市場経済は、1993 年に中華人民共和国憲法を改憲した際に盛り込まれ、
　　中国の経済政策における基本方針と位置づけられ、市場経済を通じて社会主義を実現す
　　ると規定された、経済の活性化を図るという体制を指す。
5)　社会貢献とは、公益に資する活動一般を意味し、はじめから社会に資することを目的
　　として行う直接的な社会貢献と特定の事業や行為をすることが結果として社会貢献に繋
　　がる間接的な社会貢献がある。
6)　アルバート・O・ハーシュマン（Albert Otto Hirschman）（1915-2012）は、ドイツ出
　　身の経済学者である。専門は政治経済学、開発経済学。
7)　ここでグローバル化とは、この背景から国家間の輸出入、海外販売の展開、生産や技
　　術開発の海外移転、世界的規模での経営戦略の展開により国際間の相互依存関係が高ま
　　り、全世界で経済活動を行うことをいう。グローバル化が進む現在、各企業の競争の激
　　しさはさらに増している。
8)　市場戦略とは、企業の製品市場における活動全体を方向づけるための戦略のことであ
　　る。
9)　百度とは、中華人民共和国で最大の検索エンジンを提供する企業である。
10)　京セラ株式会社は、京都府京都市伏見区に本社を置く電子機器、情報機器、通信機器、
　　太陽電池、セラミック等関連メーカーであり、国内大手企業である。毎年、中国の 12
　　の大学で学ぶ大学生 240 名に奨学金を授与している。今まで、2000 名以上の学生を支援
　　した。

11)　盛和塾は、もともと京都の若手経営者が、京セラ株式会社の社長であった稲盛氏から、人としての生き方「人生哲学」と経営者としての心の持ち方「経営哲学」を学ぼうと 1983 年に立ち上がった自主勉強会に端を発している。

12)　中国光明日報は、1949 年に中国民主同盟によって創刊され、その後 1953 年には中華全国工商業連合会に引き継がれた、北京の新聞であり、全国に出回っている知識人をターゲットとしている。

13)　デイビット・P・バロン（David P. Baron）、スタンフォード大学ビジネススクール名誉教授である。彼の主な研究興味は、会社の理論、規制の経済学、機構設計とその応用、政治経済学、非市場戦略であった。現在の研究は、政治経済学とビジネス環境における戦略に焦点を当てている。

14)　4I とは、Issues（非市場事項）、Institutions（政策制定の機構）、Interests（主要な利益群体）と Information（企業獲得できる情報）である。

15)　市場戦略とは、企業の製品市場における活動全体を方向づけるための戦略を指す。戦略の構成に関しては明確な定義があるわけではないが、事業ビジョンや事業ドメインの設定、事業の単位の決定と事業の選択、ポートフォリオの設定、および各事業の事業戦略などが含まれる。具体的な例を挙げると集群化市場戦略、ブランド市場戦略、技術革新市場戦略、投資戦略、人材戦略、現地化等の市場戦略が主に考えられる 。

16)　非市場戦略に関する最近の文献は、Thomas C. Lawton、Tazeeb S. Rajwani、The Routledge Companion to Non-Market Strategy、（Routledge Companions in Business、Management and Accounting）、2015。

17)　企業の政治戦略とは、企業政治活動の面で非市場戦略を研究する企業の政治戦略である。紛争の状況において、利益を得るために組織が獲得し、開発し、利用するために取る活動（特定の資源配分または配分の変更なし）を指す。

18)　公共メディア戦略とは、企業がメディアを非市場戦略の一部だとする戦略。

19)　フルサイズ一眼レフデジタルカメラとは、2000 万画素以上の超高精細、高精細度を誇り、中国で「映像のマスター」として知られるものである。

20)　2012 年に発生した香港活動家尖閣諸島上陸事件以降に中華人民共和国で実施されている反日デモ活動である。特に日本政府の尖閣諸島 3 島の国有化以降に中国の各都市で行われた反日デモは、2005 年の中国における反日活動の規模を超える最大規模のデモとなり、デモ隊が暴徒化し大規模な破壊・略奪行為に発展した。

21)　空調事業では世界第 1 位、フッ素化学製品において世界第 2 位、年間 2 兆円超（連結）の売上高を誇るダイキン工業株式会社の中国国内の製造・販売会社を統括する役割を担う中国現地法人である。

22)　オムロン中国教育基金は、中国教育部と協力し、中国の技術産業の人材を養成するために設立されたものである。具体的な活動を挙げると、1998 年、オムロンは中国国家機械部門と協力し、実地見学と集中講習といった形で、中国の国有企業の管理者に、オムロン自身の「品質管理」、「生産管理」に関する貴重な経験を紹介した。そして 2000 年に、オムロンは「中国の手話指導 VCD」の開発に投資し、一般人の手話学習の教材を開発した。

23)　対象企業の機密保護の観点から、フィールド調査結果の分析において企業名は伏せている。

24)　このプログラムは全国 30 校の大学から募集した 936 人のボランティアにより 10000 時間以上のコースを実施し、58000 人以上の学生が授業を受けた。

25)　2016 年までパナソニックグループの下 70 の子会社、981485 人の子供に対して環境教育イベントを展開した。

参考文献

・Baron, David P. [2013] *Business and Its Environment* 7ᵗʰ Edition, Pearson.

・Hirschman, Albert Otto[1958] *The Strategy of Economic Development*, Yale University Press.

・Jensen, M. C. J. & W. H. Meckling[1976] "Theory of the Firm: Managerial Behavior, Agency Costs and Ownership Structure," *Journal of Financial Economics*, 3(4), pp.305-360.

・Lawton, Thomas C. & Tazeeb S. Rajwani[2015] *The Routledge Companion to Non-Market Strategy* (Routledge Companions in Business, Management and Accounting).

・NHK 放送文化研究所 [2010] メディアフォーカス「米グーグル，中国市場からの"撤退"を表明」『放送研究と調査（月報）』（2010 年 5 月号）

　[https://www.nhk.or.jp/bunken/summary/research/focus/309.html]

・Ostrom, E.[1990] *Governing the Commons: The Evolution of Institutions for Collective Action*, Cambridge University Press.

・Pfeffer, Jeffrey & Gerald R. Salancik [1978] "The External Control of Organizations: A Resource Dependence Perspective," Organizational Behavior, Harper & Row Publishers, pp.143-184.

・Porter, Michael Eugene[1998] *On competition*, Harvard Business School Publishing.

・グローバル 500 ランキング[http://fortune.com/global500/]

・ダイヤモンドオンライン[2014]『中国でデジカメ"欠陥"報道 炎上を許したニコンの失策』（2014.4.2）[https://diamond.jp/articles/-/50906?page=2]

・中国公益奨の公表データ /[http://www.gongyicn.org/]

・ニコンホームページ『投資家情報』[http://www.nikon.co.jp/ir/finance/segment/]

　（参照 2020 年 1 月 23 日）

あとがき

　まえがきでも述べたように現在、日本を含む世界各国で、企業活動における不祥事など、経営倫理の欠如による様々な問題が起こっている。そのような、状況において改めて経営倫理の重要性を再認識するべきである。なぜなら、本書で述べてきたように経営倫理とは、経営活動全般を横断するような、言わば経営の土台となる存在であり、その存在無しでは経営活動は語ることが出来ないからである。

　そのように、経営倫理は大変興味深い研究領域であり、これからの経営学の未来にとって必要不可欠な存在であるにも関わらず、研究者および経営者達の多くが避けるような学術用語となっている。私は、その主な理由として「経営倫理の定量化の課題」、「学際的な研究アプローチの必要」、および「AI 倫理的な枠組みの構築」という三つの課題によるものだと考えている。

　まず、経営倫理の課題の一つとして、経営倫理が定量化できない、またはされていない学問領域であるという認識を脱却できていない状況が挙げられる。そこで、本研究は理論と実践という二つを両立させながら、それが説得力を持つ学問となるように、インタビュー調査を含む幅広いフィールドワークを通じて、経営倫理の定量化の課題に挑戦している。

　また、課題の二つ目として、学際的なアプローチの必要性の高まりが挙げられる。つまり、今日の経営活動において活動本拠地である本国のみの視点で経営を考えることはリスクが高く、それは経営倫理も同様であり、学際的なアプローチ無しでは、それを定量化することはできないのである。

　そして、2020 年代に突入した現在、様々な場所で 5G や IoT などの IT 用語を見聞きする機会が増えており、その中でも特に AI の活用に関する議論はますます過熱している。そこで、AI を活用するための倫理的基準が必要になるのだが、依然として AI 技術の発展に対する倫理的枠組み作りは追い付いていない。換言すれば、今後も急速に発展していく AI を中心とした先端技術分野

については、即時的な議論だけではなく、技術活用の根幹に位置付けられる倫理的枠組み（AI倫理）の議論が必要である。また、そのAI倫理への社会的な理解を広げるという点でも課題が残っているのである。

　本書の論点によって、経営と倫理が切っても切り離せない相互的依存性を持っていることが明らかとなる。それと同時に、経営倫理学は経営道徳哲学であり、経営哲学の実践でもあることが分かる。そもそも、経営倫理は企業経営全般における倫理基準の再構築という、新たな価値観による経営管理であり、20世紀に発展した旧来からの「経営学」をさらに発展させた新たな経営学を導き出さなければならない学問領域とすら考えられる。

　つまり、経営倫理学が21世紀に求められる新たな「経営学」の舵となり、その研究がさらに多くの経営者や研究者によって研鑽されることで、経営倫理学はまさに経営学の未来変える新たな存在になるというのは、過言ではないだろう。今日の日本において、このような研究に関する書物は希少である。よって、本書を出版することは日本における経営倫理学の研究領域の発展に寄与できるものであると考えている。そのように、学際的なアプローチによって経営倫理学を発展させるため、より一層日々の研究に励む決意である。そして、その成果を経営倫理の定量化、AI倫理の確立などの経営倫理学の課題に対するさらなる改善に生かしていく所存であることを、最後に付言しておこう。

2020年　初春

劉　慶紅

主 要 索 引

著者紹介

劉 慶紅（リュウ・ケイコウ）

　立命館大学経営学部教授、立命館大学稲盛経営哲学研究センター研究員、早稲田大学トランスナショナル HRM 研究所招聘研究員、日本経営倫理学会常任理事。専攻分野は倫理経済と経営倫理。

　米国・コロンビア大学国際公共政策大学院（School of International and Public Affairs at Columbia University）Ｍ I Ａ（国際関係学修士）を取得後、早稲田大学政治経済学術院公共経営研究科博士後期課程に進み、公共経営学博士号を取得。その後、中国・北京大学教育学院（School of Education at Peking University）にて教育学博士号、中国・清華大学哲学院（School of Philosophy at Tsinghua University）にて哲学博士号を取得。三つの博士号ホルダーとして、倫理、経済および教育の分野横断的に理論と実践を取り込んだ学際的な研究を行っている。

　現職に就く前は、学業・研究活動と並行して、日本の大手電機メーカーおよび大手システムソリューションベンダーに勤務。海外事業推進を統括し、責任者として海外現地法人に赴任するなど、国内外においてビジネスの最前線で活躍した経験を有する。現在は「青は藍より出でて藍より青し」を教育者としての最大の目標にし、常に学際的かつ最先端の学術研究成果や知見を、可能性に満ちた学生たちに還元することに注力している。

　2016 年 4 月より 1 年間、米国・スタンフォード大学アジア太平洋研究センター（The Walter H. Shorenstein Asia-Pacific Research Center at Stanford University）にて在外研究を行った後、同センターからの要請で、The Stanford Program on International and Cross-Cultural Education（SPICE）の Advisory Committee Member として、研究・教育活動を継続している。立命館大学経営学部以外でも、中国国内有数の大学において客員教授（北京大学大学院哲学研究科客員教授、中国人民大学労働人事学院客員教授、北京師範大学高等教育研究所兼任教授等）および早稲田大学エクステンションセンター講師などを兼任。

　主な著書として、

The Impact of Organizational Ethical Climate on Organizational Commitment and Job Performance: An Ethical Economic Analysis of Japanese-Funded Manufacturing Enterprises in China, Springer, 2020.

『利他と責任―稲盛和夫経営倫理思想研究』千倉書房、2020 年 3 月。

Stakeholder Social Responsibility: A New Approach to Information Disclosure for Japanese Universities, Chikura Shobo, 2017.

Incorporating Social Responsibility into a Framework for Higher Education: Information Disclosure and Governance, Chikura Shobo, 2017.

『道徳資本研究』（土 小娴著、劉 慶紅訳）千倉書房、2016 年 3 月。

など多数がある。

経営倫理が経営学の未来を変える

倫理から戦略、そして価値創造へ

2020 年 4 月 1 日　初版第 1 刷発行

著　者　　劉　慶紅

発行者　　千倉成示

発行所　　株式会社 千倉書房

　　　　　〒 104-0031　東京都中央区京橋 2-4-12
　　　　　TEL 03-3273-3931 ／ FAX 03-3273-7668
　　　　　https://www.chikura.co.jp/

印刷・製本　三美印刷株式会社

装丁デザイン　冨澤　崇

© RYU Keikoh 2020 Printed in Japan〈検印省略〉

ISBN 978-4-8051-1192-5 C3034